En mis cincuenta y tres años d   sobre la
oración, la mayoría de los cual   rdenar o
declarar. Pero el pastor Hank Kunneman ha escrito sobre la oración de manera
tal que activa el deseo y la valorización por ella. La verdad que el pastor Hank
presenta, viene de una vida de oración y relación íntima con Jesucristo. Este
libro debería ser leído por cada santo y ministro que quiera más de la presencia
de Dios y desee demostrar el poder de Cristo.

—Dr. Bill Hamon
Obispo de la Red Internacional de Ministerios Cristianos (CIMN)
Autor de *Day of the Saints* y muchos otros importantes libros

Como apóstol de Dios, tengo el privilegio de conocer a personas de todas partes del mundo, y especialmente a los que son apóstoles, maestros, evangelistas y
profetas. Sin embargo, nunca he conocido a alguien que ministre y entregue la
Palabra profética del Señor a miles de personas con tal exactitud como mi amigo Hank Kunneman. *No deje de insistirle a Dios* es un libro fuerte que enseña
a buscar el rostro de Dios hasta que vemos cambiar las cosas. Este libro trans-
formará su vida de manera radical, y traerá el Reino de Dios a su familia, ciudad y nación.

—Guillermo Maldonado
Pastor Principal del Ministerio El Rey Jesús
Miami, Florida

Por causa del efecto que el ministerio del Pastor Hank ha tenido en mi familia
y en mí mismo, sé que el fruto de su trabajo bendecirá la vida de quien tome
contacto con él. Mientras lee este libro, lo animo a que aproveche y descorra el
manto profético de las palabras escritas en él. Aunque la revelación es tan pro-
funda en este libro, su contenido se da a conocer con sencillez. Capta la atención, está lleno de gracia, es fácil de leer y mueve el corazón de Dios. Y algo que
mueve el corazón de Dios, cambiará el corazón de los hombres.

—Kimberly Daniels
Apóstol y Supervisora de Kimberly Daniels Ministries International
Jacksonville, Florida

Hank Kunneman ha escrito un libro que animará a los creyentes a orar con plena confianza en que una persona puede mover a Dios a intervenir en la tierra.
Sus oraciones pueden afectar la generación actual y las generaciones por venir.
Permita que la revelación en este libro quiebre cualquier limitación y lance su
vida de oración a un nuevo nivel de eficacia y penetración. En las palabras de

este libro, se hace visible la pasión de Hank por ver surgir a un fuerte grupo de intercesores. Mientras lo lea, reciba una impartición, y permita que ella lo mueva a orar con más poder y fe. Deje que se suelten milagros que cambiarán el curso de la historia, y vea el avance del Reino en los días por venir.

—John Eckhardt
Apóstol y Superintendente de Crusades Ministries
Chicago, Illinois

No deje de insistirle a Dios

Hank Kunneman

CASA
CREACIÓN

La mayoría de productos de Casa Creación están disponibles a un precio con descuento en canti-
dades de mayoreo para promociones de ventas, ofertas especiales, levantar fondos y atender necesidades educativas. Para más información, escriba a Casa Creación, 600 Rinehart Road, Lake Mary,
Florida, 32746; o llame al teléfono (407) 333-7117 en Estados Unidos.

"No deje de insistirle a Dios", por Hank Kunneman
Publicado por Publicaciones Casa Creación
Una división de Charisma Media
600 Rinehart Road
Lake Mary, Florida 32746
www.casacreacion.com

Publicado originalmente en E.U.A bajo el título:
Don't Leave God Alone ©2008 por Hank Kunneman.
Charisma House; Charisma Media/Charisma House Book Group
Lake Mary, FL 32746.
Todos los derechos reservados.

Traducido por María Mercedes Pérez, Carolina Laura Graciosi y María del C. Fabbri Rojas. Revi-
sión y Edición: María del C. Fabbri Rojas
Diseño de portada por: Judith McKittrick
Diseño interior por: Grupo Nivel Uno, Inc.

Library of Congress Control Number: 2008921177
ISBN: 978-1-59979-149-4

Impreso en Canadá
11 12 13 * 9 8 7

Agradecimientos

A mi esposa, Brenda, y a nuestros hijos Matthew y
Jonathan por su amor y estímulo.

También al personal de nuestra oficina y a toda la
Iglesia Lord of Hosts por sus oraciones y apoyo.

¡El mayor de los agradecimientos para mi Señor y
Salvador Jesucristo por su inmensa gracia!

CONTENIDO

Prólogo

*N*O DEJE DE INSISTIRLE *a Dios* es un libro asombroso, que revolucionará dramáticamente su relación con Dios! En sus páginas Hank Kunneman, a quien respeto tanto como amigo y como líder cristiano, ha captado el clamor del corazón de Dios. Aprecio mucho a Hank, he estado en su iglesia, y he experimentado el Espíritu de Dios de una manera inusual.

En este libro usted descubrirá cuán drásticamente cambiará su vida cuando usted presione a Dios con tanta vehemencia como nunca lo había hecho. Hank examina las vidas de algunos de los grandes hombres y mujeres de fe que se negaron a dejar de insistirle a Dios y cómo fueron bendecidos como resultado. Sus clamores cambiaron la historia, sus propias vidas, y las vidas de miles de otros. En este libro usted aprenderá la clave de captar la atención de Dios y, sí, incluso de cambiar el parecer de Dios con respecto a situaciones de su vida. La tenacidad de Elías, Eliseo, Jacob, Moisés, el rey Ezequías, la mujer sirofenicia, la mujer con flujo de sangre, el ciego Bartimeo y la iglesia de los Hechos estimularán su fe como nunca. Después de leer sus hazañas, ¡usted también llegará a ser una persona que persigue a Dios hasta que sus bendiciones rebasen!

Creo con todo mi corazón que si alguna vez usted ha luchado para recibir de Dios una respuestas que necesitaba mucho, si está desalentado porque ha orado durante mucho tiempo y enfrenta más desafíos que nunca, ¡este libro le ayudará! Tiene una palabra especial para usted y está lleno de conocimiento revelado del Espíritu Santo. Y uno de los mayores beneficios: ¡este libro lo comprometerá profundamente a orar! Lo motivará para que encuentre tiempo para la oración que Dios desea, más allá de las demandas de su estilo de vida.

Leí *No deje de insistirle a Dios* mientras viajaba por Sudáfrica. Me elevó e inspiró tan dramáticamente que no lo podía soltar. Aunque durante toda mi vida cristiana le he insistido a Dios, este libro me conmovió tanto que lo leí de un tirón en un solo día. ¡Esa noche, cuando prediqué, seguía estando vigorizado por lo que había leído! Este libro me inculcó insistirle a Dios como nunca lo había hecho antes.

Quiero desafiarlo a leer *No deje de insistirle a Dios*. ¡Tendrá un efecto duradero sobre su vida y le dará el impulso que su vida necesita para aferrarse a Dios hasta que lo bendiga!

- Dra. Marilyn Hickey
Presidenta de Marilyn Hickey Ministries
Pastor fundador del Orchard Road Christian Center

No es bueno que Dios esté solo

JEHOVÁ MIRÓ DESDE LOS CIELOS SOBRE LOS HIJOS DE
LOS HOMBRES, PARA VER SI HABÍA ALGÚN ENTENDIDO,
QUE BUSCARA A DIOS.

—SALMOS 14:2

"¡No te vayas! ¡Por favor, no te vayas!", fueron las palabras que me detuvieron cuando estaba por llegar a la puerta para dejar mi habitación de oración y estudio. Quité mi mano del picaporte, sorprendido por lo que había escuchado decir a esa voz apacible dentro de mi corazón.

"¿Qué?" Anonadado por sus palabras, di media vuelta, regresando desde la puerta. "¿Me dijiste algo, Señor?" Mi corazón empezó a latir más rápido cuando me di cuenta de que acababa de oír un increíble clamor del corazón de Dios. Dije: "Señor, no sabía que tú sentías eso". Estaba asombrado por la forma en que el Señor anhelaba que me quedara con Él.

Regresé a donde había estado orando para pasar más tiempo con Dios, pero mi mente también pensaba en las muchas cosas que mi agenda tenía para ese día. ¿El Señor no podía ver mi programa y cuánto tenía que hacer? ¿No sabía que solamente tenía disponible una hora para orar y que el tiempo de oración ya había terminado? Empecé a buscar excusas de por qué no podía quedarme, hasta que empecé a percibir la decepción del Señor.

Al final dije: "Padre, realmente no quieres quedarte solo, ¿es así?".

Lo escuché hablarme otra vez, diciendo: "No, no quiero estar solo. Estaba disfrutando mi tiempo contigo, hijo. Y quiero pasar más tiempo contigo hoy. Has tocado mi corazón, y hay muchas cosas de las que hoy quiero hablar con alguien".

"¿Qué, Señor?", respondí. "¿Estás diciendo que *tú* quieres hablar *conmigo*?" Dios me estaba dando una lección de humildad al pedirme que no me fuera. Tal vez fue eso lo que pensó Moisés cuando, habiendo sido llamado amigo, habló cara a cara con Dios. Éxodo 33:11 dice: "Y acostumbraba hablar el Señor con Moisés cara a cara, como habla un hombre con su amigo" (lbla). Yo creo que Dios quería estar con Moisés y no deseaba terminar su tiempo de compañerismo.

Me pregunto si Dios alguna vez le dijo palabras similares a Moisés. Casi puedo escucharlas: "Moisés, no te vayas. Quiero estar contigo". Esa mañana vi cuán profundamente quiere Dios comunión con nosotros. El Salmo 14:2, la escritura que está al principio de este capítulo, revela que el corazón de Dios está literalmente mirando alrededor de la tierra para ver dónde hay alguien que encuentra tiempo para buscarlo a Él.

No orar: dejar solo a Dios

Ese día cambió mi vida para siempre, al ayudarme entender que la oración es especial para Dios y no puede ser tomada a la ligera. En la acelerada sociedad de hoy, es tan fácil distraerse yendo de un lado para otro, que nuestro tan necesario tiempo con Dios se pierde.

Después de mi experiencia con Dios aquella mañana, me di cuenta de que hay un gran peligro que estamos enfrentando precisamente ahora. El peligro es que muchos cristianos no oran, o están luchando para mantener ese corto tiempo que tienen para orar.

Uno de los mayores pecados de la iglesia no es necesariamente el chisme, los conflictos, las adicciones, el adulterio o la fornicación, aunque todos ellos son pecados. Creo que el pecado más grande hoy, especialmente en Estados Unidos, es el pecado de dejar de orar, o *dejar a Dios solo.*

Fácilmente podemos caer en la trampa donde nuestra única oración consecuente es la que hacemos por los alimentos y eso es todo. Usted sabe lo que quiero decir por *las oraciones por los alimentos*, ¿no? He orado bastante algunas de ellas. Ésta es una que memorizamos: "Dios es bueno; Dios es grande. Estoy tan hambriento que podía comerme este plato". He tenido tanto hambre antes que a veces tuve ganas de comerme el plato.

Una vez, cuando oraba una rápida plegaria por mi comida, sentí al Señor decir: "Bien, Hank, ¿lo que dices viene de tu corazón?". Como la mayoría de nosotros, no quería decir y ni siquiera escuchaba lo que había orado. Desde entonces, me siento culpable cuando no hago oraciones sinceras, aún cuando la comida me esté haciendo agua la boca.

Por consiguiente, la oración es bastante más que eso. La verdad es que necesitamos un profundo compromiso de oración que vaya más allá de nuestras comidas. Que también va más allá de orar cuando surgen problemas. He descubierto que la oración se torna fácil cuando estamos ante algún problema. Parece que tuviéramos más energía para extenderle la mano a Dios cuando necesitamos una respuesta para una situación difícil. Pero Dios quiere tiempo nuestro de manera constante, con prescindencia de las circunstancias de nuestra vida.

La manera de desarrollar este tipo de relación personal con Dios —la que mueve su corazón— es establecer un tiempo y un lugar para reunirse con Él. El Señor espera con ansia ese tiempo especial establecido para estar juntos. Usted puede decidir no dejar en paz a Dios y desarrollar un hábito de oración constante. Déle a Dios lo que desea su corazón: Él quiere estar con usted, pasar tiempo con usted. Comprométase a hacerlo hasta que el hábito se asiente permanentemente en su vida.

Háblele al Señor sobre su deseo de estar con Él. Al verbalizar su compromiso, usted se recuerda a sí mismo que, para tener un andar fructífero con Dios, debe encontrar tiempo para el compañerismo con Él. Imagine lo que podría ocurrir. Si nos rehusáramos a dejar a Dios solo, empezarían a ocurrir cosas milagrosas.

Dejar a Dios solo es asunto peligroso

El Señor es, y será siempre, la respuesta a cada problema. Lo necesitamos participando en nuestras vidas todos los días. Recuerdo qué indecisos nos sentíamos todos después de septiembre 11. Sólo podíamos depender del Señor. Súbitamente, las iglesias y reuniones de oración estaban colmadas. Por todos lados, las personas trataban de ordenar su propia confusión. Empezaron a venir a Dios en números sin precedentes. Parecía haber un renovado hambre por el Señor y por depender de él.

La Biblia nos enseña que durante las épocas prósperas, los hombres tienden a olvidar al Señor. Pero cuando los problemas los atacan, corren a Él. Esto es lo que ocurrió con el 11 de septiembre. Las personas corrieron al Señor, pero solamente por un corto tiempo.

Este tipo de estilo de vida espiritual es un asunto peligroso. Creo que si buscamos a Dios solamente cuando vienen problemas, vivimos en una cornisa peligrosa. La gente lo hace porque ve a Jesús como el Salvador, pero no se compromete a hacerlo su Señor. Se contenta con buscarlo solamente cuando las cosas le van mal. El resto del tiempo corre el riesgo de esperar hasta la próxima desgracia en vez de comprometerse con Dios de manera regular.

Un día, estaba mirando en la televisión la guerra, el mismo día en que los soldados estadounidenses tomaron Bagdad después de sólo veintiún días. Unos pocos años más tarde, mientras volvía a mirar la guerra, los hechos eran totalmente diferentes. Pasamos de una victoria total en Bagdad a muchos soldados muertos y violencia por todos lados.

¿Cuál era la diferencia? Creo que fue que mucha gente que estuvo orando por nuestros hombres y mujeres que sirven en los ejércitos, dejó de hacerlo. Dejamos solo a Dios en la cuestión y, sin la necesaria cobertura de oración, la vida de nuestros hombres y mujeres que prestan el servicio militar estaban en peligro. Al comienzo de la guerra, sentimos el mandato de orar. Pero luego se fue haciendo cada vez menos asunto de nuestra incumbencia, y quizás eso jugó una gran parte en que los buenos resultados de la guerra fueran menos visibles.

Si queremos ir más alto en el espíritu, no podemos dejar que la tragedia sea nuestra motivación para orar. Por el contrario, es el hambre por el compañerismo con Dios lo que debe movernos.

Andar sin comunión regular con el Señor llega a ser un asunto peligroso cuando nos apartamos de su mano protectora. Recuerde, hay seguridad en el orar regularmente y tener una relación diaria con Dios.

EL HAMBRE DE UN HOMBRE

> Un día estaba Jesús orando en cierto lugar. Cuando terminó, le dijo uno de sus discípulos: Señor, enséñanos a orar, así como Juan enseñó a sus discípulos.
> —LUCAS 11: 1

En este versículo, este discípulo preguntó sobre la oración. El hombre no dijo: "Señor, enséñanos a profetizar, evangelizar o, incluso, hacer milagros". El énfasis estuvo sobre la oración. Era la única persona lo suficientemente hambrienta como para pedirle eso. Y en el ministerio de Jesús, en las multitudes, muchos estaban hambrientos, pero más bien ávidos por sus necesidades físicas.

¿Ha notado que cuando Jesús alimentó a las masas, nadie se fue? Cinco mil hombres más mujeres y niños se quedaron por ahí. Pero cuando llamó a orar, los números fueron más pequeños. ¿Le resulta familiar?

Siendo pastor de una iglesia, he notado que cuando usted convoca a mediados de semana para comer pizza, una comida de confraternización, o incluso un partido de fútbol, aparecen muchas personas. En cambio, las reuniones de oración de mediados de semana en la mayoría de las iglesias tienen poca concurrencia.

Dios quiere que desarrollemos un nuevo tipo de hambre: el hambre espiritual. El discípulo que habló en Lucas 11:1 tenía esa clase de hambre. Reconoció que la clave para el éxito en la vida estaba en la oración.

A solas con Dios, usted aprende a orar

Si usted se consagra a la oración, aprenderá los secretos para una vida de oración poderosa. La mayor parte de lo que he aprendido sobre la oración fue ser firme en ella sin importar cómo me sintiera o cuáles eran las circunstancias en que me hallaba.

Volviendo a usar como nuestro ejemplo al discípulo de Lucas 11:1, si usted le pregunta a Jesús cómo orar, Él le enseñará. Mucho de mi aprendizaje sobre la oración vino de permanecer a solas con Dios. Cuando usted se quede solo con el Señor, Él *le* enseñará si usted está decidido a aprender.

Después que el discípulo le pidió a Jesús que le enseñara a orar, ¿notó usted que Jesús no vaciló? En los siguientes doce versículos, dio una detallada enseñanza sobre la oración. Lo hizo simplemente, dividiéndola en tres categorías generales que nos dan la compaginación básica necesaria para una próspera vida de oración:

1. La oración personal por usted mismo (versículos 2–4)
2. La oración por otros (versículos 5–9)
3. La persistencia en la oración (versículos 10–13)

Si usted incluye cada una de estas partes en sus diferentes momentos con Dios, comenzará una vida de oración equilibrada.

No tenemos que hacer complicada la oración poderosa. Después de más de veinte años de servir a Dios, lo hago de modo muy sencillo. Hago a Dios real para mí. Él es real para mí. Y cuanto más real lo hago a Jesús, más real se hace Él en mi vida.

Simplemente quédese a solas con el Señor, y Él le enseñará a orar. No se desaliente si algunos de sus momentos de oración con el Señor se sienten secos o improductivos. Empiece a pasar el tiempo con Él con hambre, y el Espíritu Santo lo ayudará a tener éxito.

Lo bueno, lo malo y lo feo

La montaña, el valle y el desierto son lugares que enfrentaremos en algún momento de nuestra vida.

Están esas experiencias de cumbre en las que todo es bueno. Las ocasiones de desierto de nuestra vida son las tierras áridas, en las que todo se siente seco, y parece tan seco que cuando usted ora es como si de su boca salieran nubes de polvo. Por último, el valle es cuando usted se siente débil y desesperanzado. El valle es un lugar feo cuando Dios parece haberse alejado un millón de millas y los problemas amenazadores están sobre usted. Como yo, estoy seguro de que usted ha experimentado todas estas cosas en algún momento. Recuerde, ¡Jesús también las pasó!

La vida de oración de Jesús nos muestra que podemos mantenernos orando constantemente en cualquier tipo de circunstancias. Primero, sabemos que Él oró tres veces distintas por día. La Biblia dice que pasó muchas mañanas, algunas tardes y noches con Dios. Su ejemplo revela que estaba consagrado a la oración.

La oración próspera en cada circunstancia, y, vuelvo a decirlo, empieza con el compromiso. Las siguientes escrituras nos muestran el compromiso inquebrantable en la vida de oración de Jesús.

- Oró por la mañana: "Levantándose muy de mañana, siendo aún muy oscuro, salió y se fue a un lugar desierto, y allí oraba" (Marcos 1:35).
- Oró por la tarde: "Después de despedir a la gente, subió a la montaña para orar a solas. Al anochecer, estaba allí él solo" (Mateo 14:23, NVI).
- Oró por la noche: "En aquellos días él fue al monte a orar, y pasó la noche orando a Dios" (Lucas 6:12).

En segundo lugar, Jesús oró sin considerar la situación que lo rodeaba. Oró en el mismo tipo de situaciones que nosotros enfrentamos a veces. Oró en las montañas, en el desierto y en el valle. Conquistó estas áreas en oración, y nos dio la esperanza de que también nosotros podemos tener victoria sobre ellas.

Si Jesús pudo orar en el valle, usted puede orar en el valle ¡y encontrar su victoria! Como Jesús oró en el desierto caliente y seco, usted también puede orar y comunicarse con Dios en los secos tiempos de desierto. Y el hecho de que también oró sobre la montaña, nos recuerda que debemos seguir entregados a la oración incluso cuando todo a nuestro alrededor sea estupendo.

El ejemplo de oración de Jesús nos revela que podemos permanecer cerca de Dios en oración sin importar qué situación enfrentamos o cómo está nuestra agenda. La decisión de orar ya sea que la vida se presente buena, mala o, incluso, a veces totalmente fea, es un hito de victoria a alcanzar.

Muchas personas solamente pueden orar con éxito cuando todo va bien. No es bueno dejar de insistirle a Dios únicamente porque el paisaje cambie o las circunstancias no se ajusten a un ambiente cómodo. La oración comprometida, sin hacer caso de las circunstancias que lo rodean, lo promoverá en el Reino.

OH, VENADOS Y UN SACO LLENO DE BOCADILLOS

Recuerdo una vez en que sentí el valle y el desierto al mismo tiempo. Parecieron muchos años, pero en realidad sólo duró unos seis meses.

Dios parecía estar de vacaciones y haberse olvidado de mí de algún modo. La oración se sentía aburrida. Estaba harto de estar continuamente desilusionado por no intuir la presencia de Dios, quedarme dormido en la oración, y no ver ninguna respuesta para mis plegarias. Así que decidí irme a un campamento y pasar tres días de ayuno y oración. Debo admitirlo, traje una bolsa llena de bocadillos sólo para el caso de que el valle y el tiempo de sequía en que estaba continuaran mientras estaba allí.

Después de organizar mi cabaña de la forma en que quería, decidí caminar por los bosques cercanos. Me sentía solo y parecía que, sinceramente, no hacía más que malgastar mi tiempo. Vi algunos venados en un campo, a la distancia y pensé en la escritura que dice:

"Cual ciervo jadeante en busca del agua, así te busca, oh Dios, todo mi ser" (Salmos 42:1, NVI). Así que dije: "Señor, si me estás escuchando, haz que esos venados vengan cerca de mí".

¿Sabe qué ocurrió? Dios es mi testigo: ¡esos venados corrieron en dirección contraria!

Estuve allí de pie a solas y presumía que Dios también quería estar solo porque parecía estar ausente. Agité mi puño en el aire y dije: "Dios, ¡ya tuve bastante!". Y entonces empecé a hacer lo que muchos de nosotros hacemos: empecé a decirle a Dios cómo hacer su trabajo.

"Señor", dije, "si yo fuera tú, habría traído esos venados hacia mí. Pero claro, yo no soy tú...". Así que en lugar de irme a la cabaña para comer mis bocadillos, decidí echarme primero en el suelo para descansar, pero me quedé dormido. Unos cuarenta minutos después, me despertó un sonido extraño. Fue cuando advertí a los venados, a muy corta distancia de mí.

No podía creerles a mis ojos. El Señor debió haber estado escuchando después de todo. Emocionado, me fui a mi cabaña, y, por primera vez en meses, sentí su presencia y escuché su voz. Al final, no comí los bocadillos, pero pasé un tiempo grandioso con Él.

El Señor me enseñó una lección durante esos momentos de oración. Me dijo que quería que yo lo persiguiera, incluso en las temporadas más secas, porque si podía mantener ese nivel de perseverancia, se desarrollaría en mí algo que no me podría ser quitado. Aprendí que al orar sin tener en cuenta cómo usted se *siente*, al final tendrá su compensación, si persevera.

La perseverancia en la oración es lo que hizo tan exitosa la vida de oración de Jesús. En Lucas 6:12, Jesús fue a una montaña y oró toda la noche. Observe los resultados:

> Y descendió con ellos, y se detuvo en un lugar llano, en compañía de sus discípulos y de una gran multitud de gente de toda Judea, de Jerusalén y de la costa de Tiro y de Sidón, que había venido para oírle, y para ser sanados de sus enfermedades; y los que habían sido atormentados de espíritus inmundos eran sanados. Y toda

la gente procuraba tocarle, porque poder salía de él y
sanaba a todos.

— Lucas 6:17–19

Después que Él dedicó tiempo a orar en un desierto, multitud de
personas fueron sanadas y liberadas. De la misma manera que Jesús,
cuando decidimos orar a través de los tiempos secos, los tiempos de
valle o incluso durante las buenas experiencias de montaña, Dios
cubre nuestras necesidades y manifiesta su poder siempre.

Mi casa es llamada casa de la oración

"Escrito está", les dijo: 'Mi casa será casa de oración';
pero ustedes la han convertido en 'cueva de ladrones'."
—Lucas 19:45–46, nvi

¿Cómo era llamada su casa? La llamó casa de oración. Cuando Dios
llama algo por un nombre, ¿quiere decir eso? ¡Sí, por supuesto!

Piénselo; entre todas las cosas que podía llamar a su casa o iglesia, la llamó casa de *oración*. No la llamó casa de evangelización. No
la llamó casa de alabanza y adoración, casa de enseñanza o casa de
rescate. Ni siquiera la llamó casa de lo profético o lo apostólico. Su
casa no consistía en parecer bueno, tener nuevos programas, ni tampoco en hacer una televisión grandiosa. Todas esas cosas tienen un
lugar y son importantes, pero, ¿cómo llamó a su casa? La llamó casa
de *oración*.

Repito, ¿qué importancia tiene que Dios llame algo por un nombre en particular? Piense en el Espíritu Santo, la tercera persona de la
Trinidad. ¿Cómo es llamado? Es llamado el Espíritu *Santo*. Sabemos
que es un espíritu *honorable*. Es también un espíritu de *enseñanza*, y
es el espíritu de *gracia*.

Sí, Él es todas estas cosas. Pero es importante recordar cómo es
llamado: el Espíritu *Santo*.

La palabra *santo* es obviamente la descripción más importante
de Él. En el cielo, lo único que la Biblia registra que los ángeles que

rodean el trono de Dios nunca dejan de decirle al Señor es: "Santo, santo, santo". Es porque *ésta es* la principal característica o atributo que Dios quiere que conozcamos de su Espíritu. Así que cuando Jesús dijo que su casa debe ser llamada una casa de oración, aunque tiene muchos atributos, tenemos que darnos cuenta de que esto era lo principal que Él quería que viéramos.

¿Ha mirado usted alguna vez la lista de iglesias de la guía telefónica para ver cuántas iglesias de su propia ciudad han brindado durante la semana servicios de oración? Decidí investigar un poco al respecto. Estuve buscando iglesias que anuncien la oración como una parte habitual del programa de su ministerio. Lo que encontré fue que muchas iglesias de Estados Unidos apenas tienen algún servicio de oración. No tienen un servicio de oración a mitad de semana o siquiera algún tiempo de oración diario para el equipo de oración. Muchas sustituyeron un servicio de oración de mediados de semana por una comida y una breve enseñanza.

Hablando con algunos pastores, descubrí que muchos sólo resolvieron quitar la oración programada porque la asistencia era muy baja. Estaban cansados de realizar reuniones de oración solamente para unas pocas personas. Parece que cada vez más iglesias están haciendo eso ahora.

Muchas personas, incluyendo pastores, han sustituido la oración por otros programas y preferencias. Quizás haya una conexión entre nuestro compromiso de oración y la falta de milagros en la iglesia de hoy. Hechos 6:2–4 nos dice que en los días de la iglesia primitiva, los apóstoles se dedicaron a la Palabra de Dios y a la oración. Permitieron que otros hicieran las tareas funcionales del ministerio. Hoy, los ministros deben atender tantas cosas diversas, que resultan ocasión de distracción de la Palabra de Dios y la oración. Por lo tanto, el Espíritu Santo no puede moverse con mayor poder.

Cuando Jesús dijo que su casa había sido llamada casa de oración, era en serio. Él quiere que la oración ocupe el primer plano en nuestras iglesias para que podamos disfrutar del poder de Dios en ellas. Crear una casa de oración significa más que entrenar a algunos intercesores; significa que toda la iglesia participe. En otras palabras, es necesario que todos estén dispuestos a asistir a los servicios de oración para que Dios pueda sacudir ciudades y naciones.

La oración es el fundamento de todo lo que hacemos como cristianos, colectiva e individualmente. Su iglesia será más exitosa si usted resuelve que no va a dejar en paz a Dios, asistiendo a la reunión de oración de su iglesia. Todos podemos ayudar a que nuestras iglesias se eleven hasta el siguiente nivel de oración respaldando a los pastores, consagrándonos a orar. Si usted lo hace, permitirá al Señor que lo use como una bendición en su iglesia.

Una vez estaba predicando en una iglesia grande, que parecía tener cantidad de cosas importantes para hacer. Pero notaba algo: como en muchas iglesias —incluyendo a veces la mía— la atención a la oración tenía una prioridad menor que las de otros departamentos de la iglesia. Las personas estaban tan involucradas en las otras cosas, que no quedaba tiempo para que la iglesia orara junta.

Hoy, necesitamos iglesias que oren, que decidan que no es bueno dejar en paz a Dios en la oración. Entonces, podremos hacer realidad el título que Jesús dio a su casa cuando la llamó casa de oración.

Casa de oración o cueva de ladrones

> Escrito está: Mi casa es casa de oración; mas vosotros la habéis hecho cueva de ladrones.
> —Lucas 19:46

Note aquí que aunque Jesús llamó a su casa "casa de oración", los hombres hicieron de ella otra cosa. En vez de eso, la hicieron una cueva de ladrones. Ya se trate de que la casa sea la iglesia o nuestra casa individual, Jesús está esperando que sea una casa de oración.

¿Por qué cree que en lugar de eso Él vio una cueva de ladrones en este versículo? Porque otras cosas estaban robando la oración de su casa. La razón por la cual individuos e iglesias carecen de lo sobrenatural es porque no crean un ambiente de casa de oración. Nos quedamos con una mera cueva de ladrones cuando permitimos que otras prioridades le roben su lugar a la oración.

El Señor tiene tanta avidez por nuestro tiempo que no quiere que nada tome su lugar. Tiene tanto en mente el estar con nosotros, que creó patrones que podemos seguir para permanecer en ese camino.

Él sabe que el diablo tiene muchas distracciones estratégicamente ubicadas para implementar una cueva de ladrones en nuestra vida. Satanás quiere que nosotros endurezcamos nuestro corazón a la importancia de la oración, engañándonos para cambiar la manera en que Dios dispuso que ella opere.

¿No es eso lo que ocurre? Dios establece un patrón o estándar, pero los hombres lo cambian. Al final, la verdad de lo que Dios dice, se pierde. Los fariseos hicieron eso mismo en Mateo 15:4–9. Cambiaron la verdad de lo que dijo Dios. Jesús lo puntualizó. Dijo que había dos modos específicos en que los fariseos habían cambiado la verdad de Dios. Jesús dijo: "*Ustedes* enseñan", "*Ustedes* anulan". ¿Quién enseñó y anuló? No fue Dios; fueron ellos, los fariseos. Hicieron las cosas a su manera, lo contrario a lo que el Señor mandaba.

Es así como muchos ponen excusas con respecto a la casa de oración de Dios. Podrían decir cosas como: "Sé que es llamada casa de oración, pero estoy demasiado ocupado" o "La oración no es realmente lo mío". Otros le dirán a usted que las iglesias con un serio compromiso de oración son demasiado extremas para su gusto o estilo de vida.

La Biblia no dice eso. Dice que su casa será llamada *casa de oración*.

Recuerde que Jesús es el Señor de la iglesia, y puede llamar a su iglesia como Él quiera. ¿Qué derecho tenemos a cambiarlo? Debemos ser entusiastas en hacer exactamente lo que Jesús dice, y no en *hacer* o *decir* algo —lo que sea— diferente.

Hay cosas que le robarán a la casa de la oración, y sin saber cómo nos encontramos a nosotros mismos creando excusas para hacerlas. Esto podría incluir quedarse levantado hasta demasiado tarde, lo que en definitiva hará que estemos demasiado cansados para orar por la mañana. Corregir eso significa que no podremos mirar algunos programas de televisión de medianoche, y que debemos dejar los refrigerios de trasnoche para raras ocasiones.

Una vida dedicada a la oración constante es, obviamente, algo por lo cual tenemos que luchar. Piense por un momento, ¿qué cosas le están robando hoy su casa de oración? Lo ayudará evitar la cueva de ladrones que nos tienta a poner excusas para nuestra vida de oración. Es fácil estar demasiado ocupado para orar, sin siquiera darse cuenta de que eso ha ocurrido. La constancia en no dejar de insistirle a Dios en la oración creará estabilidad y bendición en su vida.

El cuerpo sobre la carretera interestatal

Después de dos décadas de servir al Señor, he aprendido la importancia de una búsqueda diaria de Dios. Hace muchos años, enfrenté una situación donde sólo podía depender de la relación que tenía con el Señor. Esa relación lo resolvió todo.

Volvíamos de la iglesia, y dejé al orador invitado en el aeropuerto. Se había hecho tarde y estaba conduciendo por la carretera interestatal de vuelta a casa. Había poco tránsito y estaba en el automóvil alabando al Señor por el poderoso servicio que acabábamos de tener. Súbitamente vi un automóvil con las luces intermitentes en el medio de la carretera interestatal. Y había un hombre tirado sobre la autopista.

Con muy poco tiempo para pensar, clavé de golpe los frenos y me tiré hacia un costado de la ruta. Cuando salí del automóvil, me encontré con un soldado de la infantería de marina. Me dijo que el hombre que estaba tirado en el camino acababa de ser atropellado por un automóvil mientras trataba de cruzar la autopista corriendo. Le dije que era pastor y que quería ayudar. Decidimos que lo mejor era que él controlara el tráfico mientras yo atendía al conductor que atropelló al hombre. Estaba visiblemente alterado y conmocionado, mientras que la víctima estaba tendida, sangrando, en posición fetal en el suelo.

El conductor estaba llorando y acurrucado sobre la víctima, a quien su automóvil acababa de atropellar a alta velocidad. El impacto había sido tan fuerte que parte del cabello de la víctima había quedado en la parrilla del automóvil. El conductor iba dentro del límite de velocidad, pero no pudo ver al joven cuando intentó cruzar la autopista en la oscuridad.

Me arrodillé junto al joven sangrante. Su cabeza estaba tan hinchada y ensangrentada, que no podía ver mucho más de sus rasgos, aun con los faros del automóvil inclinados hacia a él. Era un milagro que siquiera estuviese vivo y respirase.

Inmediatamente, puse mis manos sobre él, clamé a Dios, y oré en el espíritu. Entonces empecé a profetizarle. Ordené que la vida viniera a él y dije que ninguno de sus huesos estaría fracturado. Ordené un milagro para este joven. Empezó a toser cuando oré, y emitió un pequeño gemido.

Podía escuchar el débil sonido de su voz, y le pregunté si podía escucharme. Le dije que era un pastor, que todo iba a estar bien, y que Dios haría un milagro para él. Quería asegurarme de que fuera salvo así que lo animé a venir a Jesús. Repitió débilmente lo que yo le decía para invitar a Jesús a su corazón.

La presencia y el poder de Dios eran muy poderosos. Los socorristas me permitieron continuar orando cuando llegaron al escenario e hicieron su trabajo. Dije al equipo de la ambulancia que Dios iba a hacer un milagro con este joven y que ni uno de sus huesos estaría fracturado.

Después en el hospital, los socorristas, el personal médico y el soldado de la marina de infantería no podían creer lo que ocurrió. Todos estuvieron de acuerdo en que efectivamente era un milagro. Los doctores dijeron que era asombroso que ni uno de los huesos del joven estuviera fracturado. ¡Gloria a Dios! Dijeron que debía haber muerto.

Me permitieron ver al joven, y me agradeció por orar por él. Me dijo: "Al principio, pensé que usted era un ángel porque se cuidó de decir mi nombre".

Sinceramente, no recuerdo haber dicho su nombre. Quizás cuando oré en el espíritu, Dios lo llamó por él. También escuchó la palabra profética de que viviría y que ninguno de sus huesos estaría fracturado. Después, visitó la iglesia y fue para la congregación la prueba viva de un milagro andante.

Doy gracias a Dios porque un estilo de vida de oración dio resultado para ese joven. Cuando usted no deja de insistirle a Dios, puede tener fe para confiar en que, cualesquiera sean las circunstancias, Él estará disponible cuando más lo necesite.

CORRA A DIOS, NO A LA HOJA DE HIGUERA

Por supuesto, a veces elegir no dejar en paz a Dios es más fácil de decir que de hacer. Por muy resuelto que yo esté con respecto a la oración, la cueva de ladrones no acepta desaparecer fácilmente.

Con demasiada frecuencia, nos encontramos fallando en esta área una y otra vez. La respuesta natural para muchos cristianos es rendirse cuando sienten que han defraudado a Dios en la oración. Prefieren evitarlo antes que volver a enfrentar el fracaso. Piensan que Dios está demasiado enfadado con ellos o están avergonzados, así que ahora escapan de la oración, escapan de Dios. Pero anímese, porque hay esperanza para todos nosotros.

Adán y Eva experimentaron un sentimiento similar. En Génesis 3, Dios caminó en la frescura del día, buscando su habitual tiempo de compañerismo con sus amigos de la misma manera en que también ansía el compañerismo con usted. En esa ocasión, sin embargo, ellos habían pecado contra el Señor comiendo del árbol que Dios les había dicho que tenían prohibido. Ellos inmediatamente eligieron esconderse de la presencia del Señor y cubrirse a sí mismos.

Ésa era otra forma de dejar a Dios solo. ¿Sabe por qué lo hicieron?

Ellos pasaron de *no conocer* la vergüenza a experimentar un nuevo sentido de vergüenza por lo que habían hecho. Estaban acostumbrados a caminar con Dios y estar vestidos con su presencia, aunque físicamente siempre habían estado desnudos.

Repentinamente, se sintieron expuestos y se dieron cuenta de que no tenían ropa. Este nuevo sentimiento de vergüenza los hizo querer esconderse de Dios y buscar otra cobertura. La cubierta que escogieron fueron hojas de higuera que cosieron juntas. Ahora, estas hojas de higuera eran su cobertura, y se pusieron entre ellos y la presencia de Dios.

Cuando las personas pecan, o se ponen en riesgo, generalmente, no quieren estar cerca de Dios. Se sienten avergonzados. Se sienten seguros escondiéndose detrás de una "hoja de higuera", porque no quieren que Dios vea su "desnudez".

Las hojas de higuera son nuestro propio esfuerzo hacia la rectitud que usamos para que nos ayude a sentirnos justificados en nuestras acciones. Nunca podemos acercarnos a Dios con nuestra propia rectitud o nuestras propias obras. Nunca se impresionará con las hojas de higuera que pongamos entre su presencia y nosotros.

Cuando sienta que ha fallado o dejado quieto a Dios, no huya de Él; corra hacia Él nuevamente. Por causa de la sangre de Jesús, sus pecados están cubiertos, así que usted no necesita depender de una hoja de higuera. Dependa de su sangre para que lo cubra.

Cuando decidimos pasar por alto la oración o simplemente nos encontramos atrapados en las distracciones de la vida, usualmente nos cosemos algunas hojas de higuera, ¿no es así? Dios quiere que seamos abiertos con Él y no pongamos ninguna excusa. Él quiere ayudarlo a tener éxito, incluso cuando usted ha fallado. Asegúrese de ir a buscar su ayuda. Dando este simple paso, y continuando hasta hacerlo parte de su vida, cuando quiera acordar, usted *será* constante en no dejar a Dios.

Ahora bien, hay dos importantes razones por las que usted y yo debemos evitar la solución de la hoja de higuera. Los encontramos en esta descripción de la escritura:

> Y entró Jesús en Jerusalén, y en el templo; y habiendo mirado alrededor todas las cosas, como ya anochecía, se fue a Betania con los doce. Al día siguiente, cuando salieron de Betania, tuvo hambre. Y viendo de lejos una higuera que tenía hojas, fue a ver si tal vez hallaba

> en ella algo; pero cuando llegó a ella, nada halló sino
> hojas, pues no era tiempo de higos. Entonces Jesús dijo
> a la higuera: Nunca jamás coma nadie fruto de ti. Y lo
> oyeron sus discípulos.
>
> —Marcos 11:11–14

La primera razón por la que debemos evitar una solución de hoja de higuera es porque no tiene fruto. Jesús maldijo la higuera.

¿Por qué la maldijo?

Primero, creo que proféticamente representaba las mismas hojas de higuera que Adán y Eva vistieron para reemplazar la presencia de Dios. Cuando Jesús vio la higuera, descubrió que no había producido fruto. La solución de la hoja de higuera de la que Adán y Eva dependieron tampoco produjo fruto para ellos.

Del mismo modo, no podemos depender de una hoja de higuera para cubrir nuestros fracasos. Al final, nos daremos cuenta de que es un esfuerzo infructuoso. El mejor camino es ir a Dios siempre, pase lo que pase. Es entonces cuando Él puede ministrarlo y cambiarlo del fracaso en la oración a la constancia y el éxito.

En segundo lugar, queremos evitar la solución de la hoja de higuera porque la hoja de higuera también representaba los métodos del hombre que reemplazan a los métodos de Dios. En el versículo 11, note que Jesús iba caminando y observando cosas en el templo. Poco después, en el versículo 12, ve la higuera que no había producido ningún fruto. Creo que hay una conexión entre lo que Jesús observó en el templo y que maldijera a la higuera porque, justo después de maldecir al árbol, se fue al templo y expulsó a los cambistas y las personas que vendían palomas.

Una vez más, eso no es coincidencia. A semejanza de esto, muchas personas "venden palomas" reemplazando la unción del Espíritu Santo con sus propios métodos.

En otros relatos de cómo Jesús limpió el templo, también expulsó a los que vendían bueyes y ovejas, los cuales hablan del servicio y las personas. Los bueyes hablan del servicio porque son animales de trabajo, mientras que las ovejas hablan de las personas porque Jesús se refiere a los suyos como ovejas. ¿Por qué los echó? No fue porque el servicio a la iglesia o las personas sean en sí mismos malos. Lo que Jesús quería extirpar era que el hombre reemplazara la presencia de Dios por sus propios métodos.

Cada uno de nosotros tiene que darse cuenta de que la solución de hojas de higuera nunca funcionará. Siempre nos dejará sin ningún fruto y con sólo un sustituto de la presencia de Dios. Los problemas surgen cuando admitimos sustitutos de la presencia de Dios. Por consiguiente, hay poco con qué producir algún fruto. Entonces nos quedamos meramente con una religión sin vida. Dios no quiere eso para nosotros. Por lo tanto, su manera —la manera de Dios— de hacer las cosas es la única viable.

¿Usted está dejando solo a Dios?

Hemos sido creados para el compañerismo. Tenemos que hacer regularmente un examen de nuestro compromiso y búsqueda de Dios. ¿Somos ex seguidores, seguidores a tiempo parcial, o sólo conocidos casuales? ¿O podemos decir que somos sus verdaderos amigos?

Encontramos un verdadero ejemplo de amistad con Dios cuando Jesús estaba moribundo sobre la cruz, entre dos ladrones (Lucas 23:39–43). Uno de los ladrones quería que Jesús lo recordara, y reconoció quién era Jesús para él personalmente. Como resultado, Jesús le prometió el paraíso.

El otro ladrón presionó a Jesús para que hiciera un milagro, pero no tenía ningún deseo de conocerlo. Este ladrón representa a los que exigen que Dios trabaje para ellos pero que realmente nunca quiere conocerlo o recibirlo.

Cuando el ladrón extendió su mano hacia Jesús, Jesús extendió la suya hacia él. Cuando le extendemos la mano a Dios —cualesquiera sean las circunstancias o incluso en medio de nuestros propios fracasos— descubriremos que Dios está dispuesto a extender su mano hacia nosotros. Él quiere tener compañerismo con nosotros. Quiere pasar tiempo con nosotros. Debemos mostrarle que también queremos esa comunión. Sólo tenemos que rehusarnos a dejarlo solo.

Podemos ver que las recompensas de la vida solamente se encuentran cuando lo incluimos a Él de una manera que no sea meramente casual. Las bendiciones de hacerlo no tienen límite. No dude nunca de que Dios quiere estar con usted. Ansía su tiempo, su atención, su compañerismo y su amistad; así que lo animo a que no lo deje solo.

2

Cuando Dios dice: "Déjame en paz"

Entonces el Señor le dijo a Moisés: —Anda, baja, porque tu pueblo, el que sacaste de Egipto, se ha echado a perder. Muy pronto se han apartado del camino que yo les ordené seguir. Se han hecho un becerro de oro fundido, y lo están adorando y presentándole ofrendas; y dicen: '¡Israel, este es tu dios, que te sacó de Egipto!' Además, el Señor le dijo a Moisés: —Me he fijado en esta gente, y me he dado cuenta de que son muy tercos. ¡Ahora déjame en paz, que estoy ardiendo de enojo y voy a acabar con ellos! Pero de ti voy a hacer una gran nación. Moisés, sin embargo, trató de calmar al Señor su Dios con estas palabras: —Señor, ¿por qué vas a arder de enojo contra tu pueblo, el que tú mismo sacaste de Egipto con gran despliegue de poder? ¿Cómo vas a dejar que digan los egipcios: 'Dios los sacó con la mala intención de matarlos en las montañas, para borrarlos de la superficie de la tierra'? Deja ya de arder de enojo; renuncia a la idea de hacer daño a tu pueblo. Acuérdate de tus siervos Abraham, Isaac e Israel, a quienes juraste por ti mismo y les dijiste: 'Haré que los descendientes de ustedes sean tan numerosos como las estrellas del cielo, y toda esta tierra que les he prometido a ustedes se la daré como su herencia para siempre.' El Señor renunció a la idea que había expresado de hacer daño a su pueblo.

—Éxodo 32:7-14, DHH [a]

"¡**D**ÉJAME EN PAZ!", FUERON las terribles palabras que resonaron en los oídos de Moisés. El Dios que amaba a su pueblo y quería su compañerismo, súbitamente le estaba diciendo: "Déjame en paz".

Imagine tales palabras resonando a través de la creación e incluso en el propio interior del mismo infierno: *¡Déjame en paz! ¡Déjame en paz! ¡Déjame en paz!* Estoy seguro de que el diablo estaba eufórico al escuchar esas palabras. A decir verdad, esto habría significado la muerte para todos los que siguieron a Moisés hasta el desierto. Ésta podría ser una razón para que el infierno celebrara. Supongo que los demonios celebran con jamón endiablado y huevos endiablados, y terminan la fiesta con pastel del diablo, por supuesto, ¿no? Realmente, no. Sólo bromeaba.

Esto es exactamente lo que el enemigo quiere: que cada persona deje a Dios tranquilo y que Dios deje solas a todas las personas. Cuando Dios y el hombre están separados, el diablo logra acceso al hombre sobre la Tierra para matar, robar y destruir.

Sin embargo, la fiesta en las entrañas del infierno pronto fue interrumpida por un sonido distinto. Después de todo, el diablo no podría realizar sus planes. Las palabras que siguieron a la expresión "Déjame en paz" de Dios estaban a punto de darle miedo al infierno.

Las palabras vinieron de Moisés, en Éxodo 32:11: "Entonces Moisés oró en presencia de Jehová su Dios". Otra versión de esa escritura dice: "Entonces Moisés suplicó ante el SEÑOR su Dios" (LBLA). En otras palabras, ¡Moisés *no* se estaba yendo para dejar solo al Señor! El diablo no quería escuchar ese sonido. Pero Moisés no estaba dispuesto a aceptar un no por respuesta.

Dios siempre está buscando en la tierra a alguien que se niegue a dejarlo solo. Busca a aquellos que continuarán persiguiéndolo hasta que las situaciones cambien. El diablo odia que sus planes sean interrumpidos, y que el hombre y Dios se comuniquen a través de la oración.

Vio que no había nadie, y se asombró de que no hubiera quien intercediera.

—Isaías 59:16, lbla

Y no hay quien invoque tu nombre, quien se despierte para asirse de ti.

—Isaías 64:7, lbla

Como dicen estos versículos de Isaías, realmente Dios está buscando comunicarse con nosotros para poder intervenir en nuestras vidas. Estoy convencido de que podríamos tener vidas más abundantes si buscáramos al Señor todos los días. El plan del diablo es mantener separados al hombre y Dios. Sabemos que la muerte de Jesús en la cruz tuvo el propósito de que no hubiera más separación entre Dios y el hombre, pero la *falta de oración* la recrea. Hebreos 4:16 dice que podemos venir confiadamente al trono de la gracia para recibir misericordia y hallar la gracia que nos ayude en el momento en que más la necesitemos.

Quizás sólo por un momento pareció haber una separación entre Dios y Moisés, cuando Dios le pidió estar solo. Pero Moisés se puso firme y se negó a dejar tranquilo al Señor hasta que Él cambió de parecer. Usted puede leer lo registrado en Éxodo 32:14, que dice: "Entonces el Señor se arrepintió del mal que dijo que había de hacer a su pueblo" (rv2000).

¿Moisés hizo que Dios cambiara de idea? ¿Es posible eso?

Sí. Ese hombre cambió el parecer de Dios, ¡y usted también puede hacerlo!

El parecer de Dios fue cambiado y el plan de Satanás fue interrumpido porque alguien se negó a dejar en paz a Dios. Cuando nos comunicamos con Dios y nos negamos a dejarlo a solas, como Moisés hizo, pueden suceder las cosas más asombrosas.

Muerta antes de las 4:00 de la tarde

"Morirá antes de las 4:00 de la tarde." No podía creer lo que acababa de decirle por teléfono a mi angustiada amiga.

"¿Qué?", respondió mi amiga. "¿Dijiste que morirá antes de las 4:00 de la tarde de hoy?" "Así es", le dije. Estaba hablando de su anciana parienta hospitalizada que estaba en coma, sin responder al contacto o el sonido. Le dije a mi amiga que había escuchado al Señor decir que la persona moriría a las 4:00 de la tarde de ese día.

"¿Qué? No puede morirse a las 4:00 de la tarde de hoy, porque no conoce a Jesús y nunca le ha pedido que sea su Señor y Salvador."

Finalmente, después de tratar de calmar a mi amiga, escuché lo que creí eran las instrucciones del Señor. Le dije: "Debes conseguir que todos salgan de la habitación, incluido el personal médico. Luego, cuando estés sola, dile a tu parienta que se despierte en el nombre de Jesús. Cuando despierte, tienes que compartir el evangelio con ella antes de las 4:00 de la tarde". La vida de esta preciosa alma estaba pendiendo de un hilo. Dios sabía que estaba a punto de pasar a la eternidad sin Él si alguien no intervenía.

Habían pasado unas pocas horas desde mi original conversación con mi amiga, y esperé, con la expectativa de escuchar algunas noticias. Respondí al teléfono otra vez para escucharla indignada, queriendo una explicación de por qué su parienta no se despertó. "Bien", dije. "¿Hiciste lo que te mencioné? ¿Conseguiste que todos salieran de la habitación y ordenaste que ella se despertara?"

"Bueno, hice un poco. Conseguí que saliera la mayoría de las personas menos algunas de mi familia."

Pensé durante un minuto. Luego le dije: "Las instrucciones eran que *todos* salieran. Tienes que conseguir que salgan todos y volver a probar".

Luego, esa misma tarde, llamaron para informar. Esta vez escuché del otro lado el regocijo de mi amiga. Apenas podía creerlo yo mismo. Me estaban explicando cómo volvieron y dijeron a todos que salieran por un momento. Mi amiga oró por la mujer que estaba en coma y, sorprendentemente, ella se despertó.

No sólo se despertó, sino que también recibió a Jesús en su corazón. Fue salva y, usted lo adivinó, murió poco antes de las 4:00 de la tarde. ¡La buena noticia es que se fue para estar con Jesús! Usted sabe, estaba tan sorprendido como los demás con estos acontecimientos. Pero ¿qué habría ocurrido si no hubiéramos orado porque la situación parecía sin esperanza? Moisés podría haberse rendido cuando parecía que Dios no le estaba respondiendo. ¿Cuántas veces nos rendimos cuando parece que nada está cambiando en nuestra situación? Esta amiga mía y yo decidimos que Dios iba a hacer un milagro aunque, al principio, pareció que Dios no iba a intervenir. Dé gracias a Dios porque el plan del diablo de robar una vida preciosa fue frustrado y, de la misma manera que Moisés, nos negamos a dejar de insistirle a Dios.

No cambie su palabra, cambie su manera de pensar

Debemos comprender la impresionante autoridad y poder que nos han sido dados a través de Jesucristo. Nunca podemos cambiar la Palabra de Dios porque está establecida para siempre en el cielo. El salmo 119:89 dice: "Para siempre, oh Señor, tu palabra está firme en los cielos" (lbla).

Aunque Dios ha escrito que la Palabra no puede ser cambiada, podemos cambiar el parecer de Dios. Lo que quiero decir es esto: podemos cambiar el parecer de Dios sobre el resultado de una situación o evento, aunque haya sido generado por nuestras malas elecciones.

Dios busca a alguien para que intervenga y cambie el curso de los hechos. Esto es lo que Moisés hizo por Israel. Detuvo el juicio pronunciado por Dios que los hijos de Israel causaron para sí mismos. Su persistente fe en la prometida misericordia de Dios le dio a Dios una razón justificada para cambiar el curso. Creo que también fue esto lo que ocurrió en la historia de la parienta de mi amiga. No dejamos de insistirle a Dios y la misericordia intervino.

En Juan 14:13, Jesús dijo: "Y todo lo que pidiereis al Padre en mi nombre, lo haré, para que el Padre sea glorificado en el Hijo". Este versículo nos dice que podemos mover a Dios simplemente por pedirle en el nombre de Jesús. En otro lugar de la Escritura, se nos dice que realmente podemos mandar a las manos de Dios. Isaías 45:11 dice: "Así dice Jehová, el Santo de Israel, y su Formador: Preguntadme de las cosas por venir; mandadme acerca de mis hijos, y acerca de la obra de mis manos".

Dios quiere que vengamos a Él para que las circunstancias puedan cambiar. Una de las principales razones de que las personas no persistan ante Dios con respecto a lo que necesitan de Él, es que siempre temen que Dios esté enojado con ellas. Eso era precisamente lo que ocurría cuando Dios le dijo a Moisés que quería que lo dejara solo. Dios *estaba* enfadado con el pueblo. Sin embargo, Moisés persistió de todos modos.

Cuando Dios se enfadó con ellos después de que adoraron al becerro de oro, estaba dispuesto a barrerlos. No sólo adoraron a la vaca, sino que también la llamaron su dios y le dieron el crédito por haberlos liberado de Egipto.

En Éxodo 32:5, Aarón llamó a la vaca *el Señor*. Y Éxodo 32:8 dice: "Pronto se han apartado del camino que yo les mandé; se han hecho un becerro de fundición, y lo han adorado, y le han ofrecido sacrificios, y han dicho: Israel, estos son tus dioses, que te sacaron de la tierra de Egipto".

¡Qué golpe bajo! Lo menos que se puede decir, es que Dios no se sentía feliz. Sé que puedo comer como una vaca a veces, pero coincido con Dios: ¡no quiero ser confundido con una!

La adoración de este becerro de oro fue suficiente para llevar a Dios al tope de su justificada cólera. No es de asombrarse que haya dicho: "¡Déjame en paz!". Estaba tan justificadamente enfadado que estaba dispuesto a barrerlos a todos. Y tenía derecho a hacerlo. Gracias a la bondadosa persistencia de Moisés. Él le insistió a Dios hasta que Él cambió de idea sobre lo que iba a hacer.

¿Usted piensa que Dios realmente quería barrer a los hijos de Israel?

Sinceramente, no lo creo. Tampoco pienso que Dios se estuviera dando un festín de lástima. Sobre todo, no pienso que el ángel Gabriel hubiera debido bajar y preguntarle a Dios qué estaba mal. Estoy convencido de que Dios no había decidido asarlos a la parilla en el desierto.

Ahora bien, si Moisés pudo hacer que Dios cambiara de idea en tales circunstancias, ¿cuánto más piensa que podemos hacerlo usted y yo? Cuando Dios estaba enfadado, Moisés confió en su misericordia. Ahora, tenemos la sangre de Jesús extendiéndonos la misericordia de Dios.

Las personas suelen creer que Dios siempre está enojado con ellas así que no tienen confianza para acercársele con respecto a algo. He notado a menudo que cuando algunas personas cuentan historias de ocasiones en que tuvieron una visión del Señor, parece que Dios siempre llega furioso o serio. Sé que *puede* ser así a veces, pero parece que casi nunca se oye decir que el Señor venga en una visión y sonría. Piénselo: la gente piensa en Dios como que está siempre enojado. Siempre que algo sale mal, critican a Dios. Las compañías de seguros llaman a las catástrofes "obras de Dios". Algunos piensan que fue Dios quien tomó la vida de su ser querido o puso en ellos enfermedades fatales para enseñarles algo.

Debemos recordar siempre: Dios es un buen Dios y ¡es bueno con todos! Salmos 145:9 dice: "El Señor es bueno con todos; él se compadece de toda su creación" (NVI). Hechos 10:38 también nos dice: "...cómo Dios ungió con el Espíritu Santo y con poder a Jesús de Nazaret, y cómo éste anduvo haciendo bienes y sanando a todos los oprimidos por el diablo, porque Dios estaba con él".

Cambie su pensamiento de que Dios siempre está enojado con usted. Descubrimos que Jesús vino con el propósito de hacer el bien y de mostrar misericordia. Dios quiere que vengamos a Él y seamos persistentes. Está buscando a alguien que pida su intervención y bendición. Cuando Dios le dijo a Moisés: "Déjame en paz", creo que era como si estuviera mirando por sobre su hombro, esperando ver lo que Moisés haría a favor del pueblo. Si Moisés defendía al pueblo, entonces Dios estaría constreñido a hacer lo mismo por su pacto con ellos. Si Moisés, siendo sólo un hombre, pudo encontrar una razón para que Dios mostrara su misericordia, ¿cuánto más quiere Dios darla?

La nación de. . . ¿Moisés?

Puedo verlo ahora mismo: todos los mapas del mundo y todos los libros de texto llaman a la nación de Israel, la nación de *Moisés*. No nos damos cuenta de cuán cerca estuvo Israel de ser llamada Moisés.

¿Pensó alguna vez en eso? Déjeme explicarlo. A la nación de Israel le fue puesto el nombre de una persona de la Biblia —Jacob— cuyo nombre fue cambiado a Israel después de que el Señor le puso un nuevo nombre. Génesis 32:28 dice: "... el varón le dijo: No se dirá más tu nombre Jacob, sino Israel".

Originalmente, Israel fue la nación de Jacob, en cierto sentido, aunque pienso que no remite a eso. Pero Jacob se convirtió en Israel, y cuando Dios lo llamó Israel, ese también llegó a ser el nombre de la nación. Israel es como fue llamado después este hombre Jacob.

¿Qué le habría pasado al nombre si Dios hubiera barrido a las personas? Si Moisés no hubiera defendido a los hijos de Israel, esto es exactamente lo que podría haber ocurrido. En Deuteronomio 9:14, la Biblia dice: "Déjame que los destruya, y borre su nombre de debajo del cielo, y yo te pondré sobre una nación fuerte y mucho más numerosa que ellos".

Dios estaba listo para acabar con todo su nombre. Luego planeaba volver a empezar con Moisés. Podemos suponer sin peligro que si el pueblo hubiera sido destruido, después Dios habría empezado una nueva nación de Moisés y puesto en ella el nombre de él. Es difícil pensarlo a lo largo de esas líneas, pero es lo que Dios estaba resuelto a hacer. Sin embargo, en lo profundo del corazón de Dios, no creo que quisiera realmente la nación de Moisés. En cambio, Dios estaba esperando que un hombre de pacto se levantara y encontrara una razón para que Él extendiera su misericordia.

Si Moisés hubiera dejado a Dios en paz, esas personas habrían muerto porque Dios es justo y sus pecados requerían justicia. Debemos recordar que hay dos características principales de Dios: Él es *completamente* justo, pero también es *completamente* misericordioso. Éstos son los dos lados que constituyen la misericordia, un lado es la justicia mientras que el otro es la misericordia.

Dios tuvo que hacer cumplir su justicia sobre el pecado del pueblo, pero a la vez necesitaba una razón legítima para extenderle su misericordia. Así que Moisés insistía ante Dios para darle una razón para mostrar misericordia.

Si Moisés no hubiera aceptado el desafío, Dios habría tenido que volver a empezar con Moisés. Los recién constituidos hijos de Israel podrían haber sido rebautizados como hijos de Moisés. Habríamos tenido Irak, Irán, y la nación de Moisés. Viajaríamos para visitar Jerusalén en Moisés, en vez de Jerusalén en Israel. Los reporteros de noticias podrían informar que hoy hay guerra en Moisés.

No creo que estuviera en el corazón de Dios hacer eso. En cambio, creo que Dios quería que alguien se levantase y suplicara misericordia para que su justificada cólera quedara en suspenso. Cuando Dios pidió que lo dejaran en paz, en realidad, estaba buscando a alguien que *no* lo dejara en paz.

Recuerde, Moisés cambió el parecer de Dios, y usted también puede hacerlo. Mire Éxodo 32:12, donde Moisés se puso de pie y dijo: "No, Dios, tú no vas a hacer eso". Dijo: "¿Por qué han de hablar los egipcios, diciendo: Para mal los sacó, para matarlos en los montes, y para raerlos de sobre la faz de la tierra? Vuélvete del ardor de tu ira, y arrepiéntete de este mal contra tu pueblo".

Moisés le estaba diciendo a Dios que no lo dejaría hasta que recordara su pacto con el pueblo. De ninguna manera iba a permitir que la cólera de Dios le impidiera venir a Él.

¿Qué ocurriría si usted hiciera lo mismo, si de repente usted dijera: "Pase lo que pase, no voy a dejar en paz a Dios; voy a orar hasta que las cosas cambien"?

Podemos hacerlo por nosotros mismos, nuestras familias, y nuestras ciudades y naciones. En realidad podríamos cambiar el parecer de Dios con respecto a lo que ha sido destinado —por causa del pecado— para nuestras naciones. Podemos cambiar los hechos de nuestras vidas hacia la bendición.

Yo creía que cambiar el parecer de Dios era como pedirle a mi papá las llaves del automóvil cuando tenía dieciséis años. Por mucho que me esforzara por tratar de hacer que mi papá cambiara de idea, no podía lograrlo porque lo que papá decía se hacía. Yo creía que con Dios era lo mismo, hasta que me di cuenta de lo que hizo Moisés. Pidió misericordia, aunque no parecía que le fuera a ser dada.

Luego, vi que Ezequías hizo lo mismo. Cuando Dios le dijo que moriría, Ezequías fue ante Él, y el Señor le concedió quince años de extensión de su vida. Cuando él buscó al Señor, consiguió resultados. Si estas personas pudieron cambiar el parecer de Dios, usted también puede. Dios lo está buscando para que hoy se ponga de pie y haga lo mismo.

El hombre que dejó de contar

Sin embargo, no todos los que podrían haber cambiado el parecer de Dios lo hicieron. Como mencioné antes en este capítulo, sabemos que Moisés no dejó de insistirle a Dios, y como consecuencia una nación entera fue salvada. Pero hubo un hombre que decidió dejar de insistirle a Dios, y como resultado dos ciudades fueron destruidas.

> Y el Señor se fue tan pronto como acabó de hablar con Abraham; y Abraham volvió a su lugar.
> —Génesis 18:33, lbla

> Entonces Jehová hizo llover sobre Sodoma y sobre Gomorra azufre y fuego de parte de Jehová desde los cielos; y destruyó las ciudades, y toda aquella llanura, con todos los moradores de aquellas ciudades, y el fruto de la tierra.
> —Génesis 19:24–25

Podemos ver que nuestras oraciones persistentes hacen una diferencia. El destino de dos ciudades fue determinado por un hombre que dejó de contar y cesó de insistirle a Dios con respecto a ellas.

Así como Dios no quería ser dejado a solas con respecto a Israel, pienso que no quería ser dejado a solas con respecto a Sodoma y Gomorra. Precisamente estaba buscando a alguien que interviniera y orara. Sabemos esto porque Dios se tomó tiempo para hablar con Abraham antes de destruir las dos ciudades: "Entonces el Señor pensó: 'Debo decirle a Abraham lo que voy a hacer'" (Génesis 18:17, DHH). Si Él realmente hubiera querido destruirlas, podía haberlo hecho sin decirle nada a su amigo.

Ahora bien, si Moisés oró por el pueblo y el juicio le fue perdonado, ¿por qué no ocurrió lo mismo con Abraham y las ciudades de Sodoma y Gomorra? Porque, a diferencia de Moisés, Abraham terminó por cesar de insistirle a Dios. El versículo 33 de Génesis 18 dice: "Y el SEÑOR se fue..." (LBLA).

Si hubo una oportunidad en la que *no* se debió dejar que Dios se fuera, fue entonces. El costo de esto recae sobre Abraham. Lo que ocurrió con Moisés podía haber ocurrido con Abraham. La gente podía haber sido salvada por el clamor de un hombre.

Al principio, Abraham empezó a suplicar a Dios, pero se rindió demasiado pronto. Encontramos, en Génesis 18, cómo empezó a dirigirse a Dios a favor del pueblo. Empezó haciendo números con Dios:

> ... se apartaron de allí los varones, y fueron hacia Sodoma; pero Abraham estaba aún delante de Jehová. Y se acercó Abraham y dijo: ¿Destruirás también al justo con el impío? Quizá haya cincuenta justos dentro de la ciudad: ¿destruirás también y no perdonarás al lugar por amor a los cincuenta justos que estén dentro de él? Lejos de ti el hacer tal, que hagas morir al justo con el impío, y que sea el justo tratado como el impío; nunca tal hagas. El Juez de toda la tierra, ¿no ha de hacer lo que es justo?
>
> —GÉNESIS 18:22-25

Esta historia suena muy similar a la de Moisés. Abraham empezó a interrogar a Dios con respecto a su sentencia, tratando de localizar a suficientes personas rectas como para que Dios cambiara de idea. Dios estuvo de acuerdo en que perdonaría a las ciudades por cada cantidad de justos que Abraham le pidió. Al final, cuando bajaron hasta el número diez, Abraham pidió a Dios que perdonara a la ciudad si se pudiera encontrar esa cantidad de justos.

Un día mientras estaba leyendo este pasaje, le pregunté a Dios por qué destruyó a Sodoma y Gomorra. Tan pronto como dije eso, el Espíritu Santo me dijo que no las hubiera destruido. Fueron destruidas porque Abraham se detuvo en los diez. Si Abraham se hubiera puesto firme y dicho: "Dios, me niego a dejar de insistirte: perdónala si al menos se hallara un justo", podría haber cambiado el parecer de Dios. Dios estaba deseando escuchar el clamor de un hombre, pero Abraham dejó de contar y *dejó de insistirle a Dios*.

Dios fue dejado solo para que siguiera su camino, y una ciudad se perdió. Recuerde, Génesis 18:33 dice: "Y el Señor se fue..." (LBLA). En otras palabras, Dios fue dejado a solas. Entonces, después que Dios partió, Abraham volvió a su propio lugar.

¿Qué hubiese pasado si Abraham hubiera perseguido a Dios, diciendo: "Discúlpame, Señor, pero sé que allí podría no haber ni siquiera diez justos. ¿Y mi sobrino Lot? Está ahí. ¿Tú la perdonarías solamente por él?"?

Quizás Sodoma y Gomorra seguirían estando allí hoy porque Abraham abogó por un sólo justo. Quizás habría sido juzgada más tarde, pero piense en esto: si un hombre pudo cambiar el parecer de Dios, en el caso de Moisés, ¿por qué esta vez iba a ser diferente? No lo era. La diferencia fue que Abraham dejó de contar en tanto que Moisés persistió.

Más bien que querer que lo dejen en paz, realmente Dios está buscando personas que le den una razón para intervenir aunque Él no esté obligado a hacerlo. Cuando Dios declara que corresponde un juicio, busca a un hombre que apele a su misericordia. Quizás cuando Dios le dijo a Moisés que lo dejara en paz, era una prueba para ver lo que Moisés haría. La respuesta voluntaria de Moisés de luchar por misericordia para un pueblo que no la merecía significó que Dios, que estaba obligado por el mismo pacto, también tuviera que extenderle misericordia.

Similarmente, cuando Dios le ordenó a Abraham que sacrificara a Isaac, la respuesta voluntaria de Abraham significó que Dios también tendría que sacrificar a *su* único Hijo. La insistencia de un hombre por la misericordia de Dios hará que Dios responda. Dios quiere intervenir, pero está buscando a las personas que se pongan de pie y se lo pidan. Está buscando personas que no quieran dejarlo en paz hasta que las cosas cambien.

Una lección de Miss Estados Unidos

Cuando la mujer que fue coronada Miss Estados Unidos estuvo en peligro de perder su corona por acusaciones de comportamiento inapropiado, ocurrió algo increíble. De acuerdo con las reglas de la organización, ella no mantenía el estándar moral de tal puesto. La cabeza de la organización tenía el poder de despedirla o darle una segunda oportunidad. Después de una reunión, le fue dada una segunda oportunidad. Él cambió de opinión. Ella había infringido claramente las normas para ser Miss Estados Unidos, y aunque probablemente no lo mereciera, le fue dada una segunda oportunidad.

Creo que esto es un mensaje profético para nosotros hoy. Si esta organización estuvo dispuesta a ser misericordiosa y darle otra oportunidad, ¿cuánto más Dios no estará dispuesto a dar otra oportunidad, a los Estados Unidos y otras naciones, aunque tiene fundadas razones para juzgarlas? Y eso aún después de que hemos violado evidentemente sus estándares morales y nos merecemos el juicio. Creo que Dios está buscando razones para extender su misericordia a cada nación, pero necesita a quienes oren por ello.

Dios le dio otra oportunidad a Israel. También se la habría dado a Sodoma y Gomorra. Sólo necesita a un hombre o mujer que le den una razón justa para cambiar de parecer. El Señor quiere a alguien que no esté dispuesto a dejarlo en paz, para que Él pueda mostrar su misericordia.

Sí, verdaderamente un hombre puede hacer cambiar el parecer de Dios. En el caso de Nínive, Dios envió a Jonás precisamente para que fuera ese hombre. Encontramos en la historia de Jonás que, aunque Nínive se merecía el juicio, Dios deseaba desesperadamente mostrarle misericordia. Estaba buscando a un hombre que le diera una razón para no destruir la ciudad.

Una vez mientras estaba orando por Estados Unidos, me pasó algo muy interesante. Tenía mi cabeza enterrada en el sofá, pidiendo al Señor misericordia para los Estados Unidos. Sentí una presencia abrumadora y empecé a intuir el temor santo que usted siente cuando la presencia del Señor está ahí. Sentí como si el Señor se hubiera sentando junto a mí tan cerca como puedo decirlo. Me sentía demasiado temeroso para mirar.

Sentí la tibieza de lo que pareció ser un toque sobre mí, y escuché estas palabras: "Le estoy dando otra oportunidad a esta nación como se la di a Nínive. Sigo teniendo mucho por hacer. No he terminado aún. Dile a la gente que nunca olvide que sigo teniendo presentes las lágrimas de las oraciones de sus antecesores a favor de esta nación".

Ahora sé que muchos están profetizando e incluso anticipando la destrucción de esta nación. No yo. Súbitamente, me di cuenta de que un hombre, Moisés, abogó por el pueblo, y que nosotros también podemos hacerlo. ¿Cómo no voy a rehusarme a dejar de insistirle a Dios si eso hace la diferencia? Tenemos que levantarnos y no dejar en paz a Dios hasta que veamos ocurrir lo que nuestros corazones desean para nuestra nación.

El clamor del justo

Podemos ver en Moisés y Abraham la verdad adicional de que el clamor del justo debe ser siempre más fuerte que el clamor del mal. Si no, el mal siempre prevalecerá.

Curiosamente, al comienzo Dios bajó para hablar con Abraham porque escuchó el clamor de Sodoma y Gomorra. Génesis 18:20–21 dice: "Entonces el Señor le dijo a Abraham: El clamor contra Sodoma y Gomorra resulta ya insoportable, y su pecado es gravísimo.

Por eso bajaré, a ver si realmente sus acciones son tan malas como el clamor contra ellas me lo indica; y si no, he de saberlo" (NVI).

Había un clamor perverso que venía desde las dos ciudades. Por lo tanto, Dios necesitaba que el clamor de Abraham fuera más fuerte que el clamor del mal en Sodoma y Gomorra. Debía ser un clamor por misericordia que resonara por encima del que venía desde lo perverso.

Cuando las tinieblas empiezan a emitir un sonido, tenemos que crear el sonido de la unción que se le opone. ¿Qué ocurre si nos quedamos callados y cesamos de insistirle a Dios con respecto a nuestras familias y nunca oramos por ellas? ¿O si dejamos solo a ese adolescente rebelde, sin orar nunca por él o ella? ¿Qué ocurre si nos quedamos callados con respecto a esa situación financiera y simplemente esperamos lo que pase? Probablemente, el resultado será que el sonido de la situación negativa será más fuerte que la respuesta.

¿Qué ocurre si no oramos cuando la enfermedad trata de atacar nuestros cuerpos? Probablemente seguiremos enfermos. En cualquier cosa con respecto a la cual nos quedemos callados, y dejemos de insistirle a Dios, Él también se quedará callado. Su matrimonio puede ser un desorden, pero ¿va usted a cesar de insistirle a Dios al respecto? Las personas tienden a quejarse en incredulidad, pero imagine qué ocurriría si no dejáramos de clamar a Dios con respecto a nuestra situación.

Sí, quizás usted lo haya intentado antes, pero el problema es que al fin cesó y se rindió. Cuando usted haga que el clamor de su fe sea más fuerte que la circunstancia que le está diciendo que no hay esperanza, algo comenzará a ocurrir. Aférrese a Dios, y no se suelte hasta que no lo bendiga. Él siempre responde al clamor justo de su pueblo. Mire el Salmo 34:15. Dice: "Los ojos de Jehová están sobre los justos, y atentos sus oídos al clamor de ellos". Tenga la seguridad de que cuando el clamor del justo es más fuerte que el clamor del mal, las circunstancias cambian y los milagros empiezan a ocurrir.

Cambiar el parecer de Dios sobre nuestras ciudades y naciones

Por no dejar de insistirle a Dios —de la misma manera que Moisés hizo y cómo Abraham debió haber hecho— podemos afectar ciudades y naciones. Observe en Ezequiel 28 seis cosas que ocurren cuando decidimos guardar silencio con respecto a nuestras ciudades. Estas seis cosas son lo que siguieron a Lucifer cuando fue expulsado del cielo.

> A causa de la multitud de tus contrataciones fuiste lleno de iniquidad, y pecaste; por lo que yo te eché del monte de Dios, y te arrojé de entre las piedras del fuego, oh querubín protector. Se enalteció tu corazón a causa de tu hermosura, corrompiste tu sabiduría a causa de tu esplendor; yo te arrojaré por tierra; delante de los reyes te pondré para que miren en ti. Con la multitud de tus maldades y con la iniquidad de tus contrataciones profanaste tu santuario; yo, pues, saqué fuego de en medio de ti, el cual te consumió, y te puse en ceniza sobre la tierra a los ojos de todos los que te miran. Todos los que te conocieron de entre los pueblos se maravillarán sobre ti; espanto serás, y para siempre dejarás de ser.
>
> —Ezequiel 28:16–19

Aquí vemos la influencia demoníaca que estamos capacitados para detener mediante la persistencia y la determinación ante Dios. Si usted se siente frustrado por la situación de la iglesia, vaya ante el Señor y ore. Si está perturbado por los homicidios y la tasa de criminalidad de su ciudad, entonces no deje de insistirle a Dios hasta que los números bajen. Mire las influencias demoníacas de Ezequiel 28 que superamos cuando nos levantamos y oramos:

1. La violencia (versículo 16)
2. La profanidad (versículo 16)
3. La sabiduría corrupta (versículo 17)
4. Los santuarios profanados (versículo 18)

5. Las iniquidades (versículo 18)
6. El terrorismo / el miedo (versículo 19)

Si usted está cansado de ver las cosas de esta lista en el canal de noticias, entonces decida no dejar en paz a Dios con respecto a ellas. Acuérdese de cuánto puede ser evitado en nuestras ciudades y naciones si usted no cesa de insistirle a Dios. No es sorprendente que Dios anhele que participemos junto a Él en la Tierra.

En 2004, estaba ministrando en una conferencia en Jacksonville, Florida. Recuerdo haber profetizado ese año que Florida experimentaría dos tormentas, dos huracanes sucesivos. La palabra profética pasó a decir que si orábamos, se quedarían afuera. Sé de muchos que oraron la primera vez, y los huracanes siguieron viniendo. Nuestras oraciones obviamente necesitaban elevarse hasta un nivel más alto.

Así que el siguiente año, volví a profetizar, incluyendo el nombre de una tormenta que se levantaría desde el Océano Atlántico en un mes determinado. Yo iba a estar hablando en otra conferencia para ese entonces, y le dije al anfitrión que la tormenta vendría antes de la reunión. Esta vez cientos de personas oraron con fervor. Decidieron que ahora no permitirían que la tormenta llegara como antes. Oraron, y la tormenta nunca pudo azotarlos. ¿Cuál fue la diferencia? Creo que las personas decidieron que, sin importar las circunstancias previas, no aceptarían un no por respuesta.

A finales de 2005, el Señor habló a mi corazón que en 2006 no tendríamos tormentas como los años previos. Él estaba poniendo sus pies sobre la nación y enviando las tormentas mar adentro. Sé que muchas personas, después de años de huracanes sin precedentes, han estado orando y declarando la paz a las tormentas. Como resultado, en el año 2006 no hubo ningún huracán muy importante de azotara los Estados Unidos. Algunos trataron, pero no tuvieron éxito porque en todas partes la gente, colectivamente o por separado, oró fervientemente. Hubo una gran diferencia cuando las personas se levantaron y no dejaron de insistirle a Dios sobre el tema.

Cuando sentí que Dios me dejaba

Le digo, mi amigo, que la peor cosa que puede ocurrir es tener una vida sin Dios. Ése es el horror de la condena eterna. Es estar separado de Dios para siempre. Sin embargo, una vez años atrás, experimenté una sensación de lo que podría ser estar sin Él. Fui a ministrar en una conferencia, y estaban presentes en la reunión algunas bien conocidas personas que habían venido para escucharme hablar. Subí los peldaños del escenario, sintiéndome confiado, y empecé a predicar mi mensaje.

Repentinamente, me encontré a mí mismo cambiando mi mensaje, apartándome de lo que Dios me había dado. Pensaba que mi sermón original no sería del estilo de lo que ellos vinieron a escuchar. Me estuve fijando si tenía su aprobación mientras predicaba. Inmediatamente, intuí que algo iba mal. Sentí que el Señor levantaba su unción. Ahí estaba yo, de pie, completamente solo sin la unción del Espíritu Santo, enfrente de todas estas personas. Sabía que lo que había estado haciendo en aquellos pocos minutos había entristecido al Señor, y me sentía muy enfermo en mi corazón.

No podía esperar a volver a mi habitación del hotel. Cuando llegué, abrí la puerta de mi cuarto y caí en la cama llorando. Me arrepentí ante Dios por haber cambiado sus palabras y tratar de complacer el hombre antes que a Él. Gracias a Dios que Él es muy comprensivo. Pero entonces supe que no quería que Él volviera a dejarme.

Siempre es mejor complacer a Dios que al hombre. Dios quiere estar con nosotros, y me di cuenta de lo que realmente se siente al estar sin Él en una situación. No quiero volver a dejarlo.

El Señor no quiere estar solo

Nunca debemos olvidar que realmente Dios no quiere que lo dejemos en paz. La razón por la que dijo: "Déjame en paz", fue para provocar una respuesta de Moisés. Incluso en las ocasiones en que parece que el Señor quiere la soledad, Él no está tratando de separarse de nosotros. Hubo veces en que parecía que Jesús no quería ser molestado. Hasta pareció hacer caso omiso de las necesidades de algunas personas.

Quizás usted haya sentido que el Señor estaba ignorando su necesidad cuando sus oraciones parecían estar demoradas o sin respuesta. Pero Jesús no las estaba desatendiendo. Él siempre busca provocar una decidida respuesta de fe.

Cuando Jesús, colgando solo en la cruz, gritó: "Dios mío, Dios mío, ¿por qué me has abandonado?", Dios parecía haberlo dejado. Pero Dios no era indiferente ni estaba despreocupado. Él quería provocar una respuesta de su Hijo —que era la misericordia, aunque Dios se alejó del pecado que vio sobre Jesús— quien seguía decidido a pender de la cruz pasara lo que pasase. Sí, Jesús estaba resuelto, de la misma manera que Moisés y otros, a que no dejarían tranquilo a Dios aún cuando Él mismo pareciera pedirlo.

Dios no estaba ignorando a Jesús, y no lo está ignorando a usted. Está esperando su respuesta decidida. A veces, podrá parecer que el Señor está lejos o ni siquiera escucha, pero no es así. Por el contrario, Dios está esperando provocar en usted una respuesta para que Él pueda intervenir y bendecir su vida.

Nota de la traductora:

a. En inglés cita la King James Version de Éxodo 32:10, la cual dice: "Now therefore *let me alone*, that my wrath may wax hot against them, and that I may consume them: and I will make of thee a great nation" (énfasis añadido). Es decir, "*Déjame en paz*". La DHH es la versión castellana que más se aproxima a ese matiz. Por su parte, la NVI traduce: "Tú no te metas".

3

Los que se negaron a dejar de insistirle a Dios

¿Y qué más digo? Porque el tiempo me faltaría contando de Gedeón, de Barac, de Sansón, de Jefté, de David, así como de Samuel y de los profetas; que por fe conquistaron reinos, hicieron justicia, alcanzaron promesas, taparon bocas de leones, apagaron fuegos impetuosos, evitaron filo de espada, sacaron fuerzas de debilidad, se hicieron fuertes en batallas, pusieron en fuga ejércitos extranjeros. Las mujeres recibieron sus muertos mediante resurrección; mas otros fueron atormentados, no aceptando el rescate, a fin de obtener mejor resurrección. Otros experimentaron vituperios y azotes, y a más de esto prisiones y cárceles. Fueron apedreados, aserrados, puestos a prueba, muertos a filo de espada; anduvieron de acá para allá cubiertos de pieles de ovejas y de cabras, pobres, angustiados, maltratados; de los cuales el mundo no era digno; errando por los desiertos, por los montes, por las cuevas y por las cavernas de la tierra. Y todos éstos, aunque alcanzaron buen testimonio mediante la fe, no recibieron lo prometido;

—Hebreos 11:32–39

"HA CAÍDO DESDE UNA ventana, a doce pies de altura", dijo ella. "¿Qué? ¿Quién?", pregunté, apartando la mirada de los fuegos artificiales que iluminaban el cielo ese Cuatro de Julio. Mi esposa estaba al teléfono y empezó a decirme que uno de los niños de nuestra iglesia, de aproximadamente dos años de edad, había estado jugando en su dormitorio y se cayó por la ventana. Cayó doce pies (aprox. 3,60 m) y golpeó sobre el cemento. Empezamos a orar inmediatamente e hicimos las llamadas telefónicas necesarias para tratar con la situación.

Al hablar por teléfono con uno de mis pastores asociados que estaba de guardia, le pregunté por la situación del niño. "Está en la sala de emergencia y se le está haciendo una serie de pruebas, pero no sabemos nada más que eso", fue su réplica.

Inmediatamente, uní manos con mi familia y contacté a otros miembros de la iglesia para orar. Estábamos en la entrada de nuestro garaje y oramos, declarando que ni uno de sus huesos estaría fracturado ni tampoco tendría ningún tipo de daño permanente. Organizamos una cadena de oración de la iglesia.

Recuerdo haberme echado hacia atrás en la entrada del garaje mientras los fuegos artificiales del vecindario encendían el cielo alrededor de mí. Oré al Señor, pensando cómo Él ayudó a nuestra gran nación a ganar su independencia. Dije: "Señor, es el Cuatro de julio; libera a este niño de la misma forma en que liberaste a Estados Unidos. Intervén y haz un milagro, te lo ruego". Declaré la Palabra y oré fuerte en el espíritu mientras conducía hacia el hospital.

Nunca olvidaré la escena cuando entré en la sala de emergencias. Allí, tendido de espaldas, yacía uno de los niños de mi iglesia, atado con correas, con una abrazadera en el cuello, en preparación para una resonancia magnética. Cuando su madre me saludó, recuerdo sus primeras palabras. Me dijo: "Pastor, Dios va a hacer un milagro, y todo estará bien". Le dije que estaba de acuerdo y que tampoco habría ningún hueso fracturado.

Esperamos mientras le hacían examen tras examen. Continuamos orando y declarando la Palabra de Dios hasta que finalmente vinieron algunas noticias. El doctor nos dijo que el niño era afortunado de estar vivo. Dijo que era asombroso que no tuviera heridas internas ni huesos fracturados. Solamente tenía una leve conmoción cerebral. Gracias a Dios por su protección angelical y por una familia y una iglesia que no cesaron de insistirle a Dios hasta que obtuvimos un milagro.

Es de vital importancia recordar que nuestras primeras palabras y reacciones iniciales al escuchar las noticias de una potencial crisis pueden condicionar el resultado.

Usted nunca lo ve a Jesús reaccionar con miedo frente a las malas noticias. Durante la tormenta, en Marcos 4:35–39, él dormía. Y cuando fue despertado por los discípulos, sus primeras palabras fueron: "¡Cálmate, sosiégate!" (versículo 39, LBLA). Usted no vio a Jesús despertarse con pánico y decirles a todos que golpearan la cubierta debido al violento viento.

En otra oportunidad, cuando Lázaro estaba enfermo y a punto de morirse (Juan 11:1–12), observe que Jesús no reaccionó negativamente frente a las noticias. Sólo dijo lo preciso y respondió tranquilamente. A decir verdad, después de oír lo de Lázaro, se quedó dos días donde estaba antes de dirigirse a verlo.

Escoger correctamente las primeras palabras no sólo es la respuesta más importante, sino también la más estimulante. En nuestras bocas, tenemos el poder para cambiar las situaciones y causarle estragos al diablo, si hablamos correctamente. Proverbios 18:21 dice: *La muerte y la vida están en poder de la lengua.* ¿Se dio cuenta de que primero dice muerte y después vida? Esto es porque ante las dificultades la gente tiende a orientarse primero hacia la respuesta negativa.

Un estilo de vida de compañerismo íntimo con el Señor y de meditación en su Palabra lo ayudará a responder correctamente a las pruebas que surgen en la vida. La respuesta correcta lo pondrá en el camino correcto hacia la victoria.

Niéguese a perder sus *niveles* de autoridad

Puedo decir, después de pastorear a la iglesia Lord of Hosts desde sus comienzos —más de diez años— que hemos superado muchas batallas y hemos visto muchas victorias. Hemos atravesado numerosos desafíos que a veces nos parecieron similares a los que otros experimentaron en Hebreos 11:32–33, que dice:

> ¿Y qué más digo? Porque el tiempo me faltaría contando de Gedeón, de Barac, de Sansón, de Jefté, de David, así como de Samuel y de los profetas; que por fe conquistaron reinos, hicieron justicia, alcanzaron promesas, taparon bocas de leones.

El Señor quiere que nosotros experimentemos las mismas victorias de la misma manera que ellos lo hicieron en estos versículos. He descubierto que una clave para disfrutar esa victoria viene por perseguir resueltamente a Dios y usar la autoridad que Él nos da. En Hebreos 11:33, ellos perseveraron en usar cuatro diferente *niveles* de autoridad. Usaron los mismos métodos que Dios dio a Adán en Génesis 1:28. El Señor le dijo que *fructificara, se multiplicara, llenara* la tierra, y la *sojuzgara*. Éstos son los cuatro niveles de autoridad que Dios le dio a Adán. Son los mismos reflejados en Hebreos 11:33.

Ellos lo hicieron tomando lo que les pertenecía, como a usted, mediante la clase de fe decidida que no acepta un no por respuesta. Estos héroes de la fe de Hebreos recibieron los milagros porque fueron perseverantes en guardar lo que por derecho era suyo. No dejar en paz a Dios quiere decir que usted no deja fácilmente su puesto ni permite que el diablo le robe sus bienes como hizo Adán. Estos cuatro niveles de autoridad también nos pertenecen.

Cuatro niveles de autoridad

1. *Conquistar reinos.* Esto era tanto en la esfera natural como en la espiritual. Este término significa "conquistar; traer a sumisión o control". Así era como se esperaba que Adán dominara la tierra. Era ser propietario de todas las pertenencias que Dios le había dado, no entregárselas al diablo. También nosotros tenemos el poder y la responsabilidad de guardar lo que Dios nos ha dado.

2. **Hacer justicia.** En el griego, estas palabras significan "integridad, pureza de vida, corrección en el pensar y el obrar". Adán fue puesto en el huerto para reflejar la rectitud de Dios. De la misma manera que Adán, debemos llenar la tierra vertiendo sobre ella rectitud y disfrutar la bendición que viene de un estilo de vida recto.

3. **Alcanzar promesas.** Esto quiere decir que *obtuvieron, alcanzaron y recibieron* las promesas de Dios. No sólo mantuvieron lo que ya tenían, sino que recibieron nuevas cosas de Dios. Es el modo en que Adán fue llamado a multiplicarse y fructificar. No era suficiente con sólo guardar lo que Dios ya le había dado. Dios quería multiplicación y productividad, y tampoco quiere que nosotros nos limitemos a conservar. El Señor quiere que seamos productivos y demos fruto.

4. **Tapar bocas de leones.** Silenciaron y bloquearon las bocas de leones y los ejércitos malvados que trataron de destruirlos. Esto quiere decir que tenían el poder y la autoridad de *pisar, reinar, regir y gobernar un territorio.* Podían oponerse a cualquier mal que tratara de robarles sin miedo ni intimidación. Adán tenía derecho de combatir a Satanás y decirle que se fuera. Usted puede frenar las mentiras y ataques del diablo del mismo modo.

Así que los cuatro niveles de autoridad se sintetizan como:

1. Guardar lo que Dios le dio.
2. Vivir rectamente.
3. Ser productivo para Dios.
4. Resistir al diablo.

Para lograr todo lo que Dios quiere de nosotros —como quiso de Adán— debemos estar decididos a usar estos cuatro niveles de autoridad. Debemos tomar lo que por derecho es nuestro y no rendirnos. Decida que usted no cejará. Convertirse en una persona que se niegue a dejar en paz a Dios significa que usted será persistente en mantener su territorio y avanzar. Quiere decir que no se apartará de su rumbo hasta el fin de la batalla.

Doy gracias a Dios porque a través de todas las pruebas y experiencias que hemos tenido que enfrentar juntos como familia de la iglesia, hemos estado decididos a no dejar en paz a Dios. El compromiso a orar lo a usted mantiene decidido, y es la vía para usar sus niveles de autoridad. Le abrirá camino a la bendición como ninguna otra cosa. Si la oración de un hombre, Moisés, pudo librar a toda la nación de Israel —que estaba a punto de dejar de existir— ¿cuánto podrá hacer por nuestras vidas y ciudades?

Esto es lo que sucedió cuando el niño de la iglesia cayó por la ventana. Por su compromiso de oración, nuestra iglesia estuvo capacitada para mantener su territorio en el momento de recibir la noticia, y recuperar lo que el diablo quería robar de nuestras manos. Enseño a mi iglesia cómo orar colectiva e individualmente así que están prestos para usar la autoridad que Dios les ha dado. Estamos dedicados a buscar al Señor fielmente y a no permitir que la oración pierda su lugar de importancia en nuestra iglesia. Sin oración, usted empezará a ponerse en peligro y a perder sus pertenencias de la misma forma en que Adán lo hizo.

Niéguese a perder sus *esferas* de autoridad

Usted no sólo tiene autoridad sobre cuatro niveles sino que Dios también le ha dado autoridad en cuatro *esferas* diferentes. Como dije, usar sus niveles de autoridad quiere decir que usted está conservando lo que le pertenece por derecho. Sus cuatro esferas de autoridad, en cambio, son los lugares donde Dios quiere que usted influya o gobierne. Déjeme explicar esto en Génesis 1: 26, donde dice: "Entonces dijo Dios: Hagamos al hombre a nuestra imagen, conforme a nuestra semejanza; y señoree en los peces del mar, en las aves de los cielos, en las bestias, en toda la tierra, y en todo animal que se arrastra sobre la tierra".

Dios quería que hombre tratara con cuatro diferentes esferas que existían a su alrededor en la tierra. Fue diseñado por Dios con la capacidad interna de vivir asentado sobre cada una de ellas. Dios creó al hombre para gobernar. Por eso es que los seres humanos son dominantes sobre los árboles y animales y pueden gobernar todos los asuntos de la tierra.

Cuatro esferas de autoridad

1. *Peces del mar.* Ésta es autoridad para tratar con cosas en la profundidad que no podemos ver. Dios da poder al creyente sobre toda la esfera demoníaca invisible.

2. *Aves del aire.* Ésta es la autoridad que tenemos sobre los lugares altos del enemigo en los cielos. Cuando Dios estaba creando los cielos y la tierra en Génesis, hubo una sola una cosa a la que no llamó buena: el firmamento. Esto fue porque Lucifer, el diablo, vivió en los cielos y es llamado el príncipe de la potestad del aire (Efesios 2:2).

3. *Ganado vacuno y toda la tierra.* El ganado vacuno y la tierra hablan de la esfera física que percibimos visiblemente. Por lo tanto, podemos influir sobre los gobiernos, el comercio, los reinos y territorios donde vivimos. La autoridad en la esfera física también representa la naturaleza bestial de nuestra carne natural sobre la que debemos tomar autoridad.

4. *Todo lo que se arrastra.* Creo que lo que se arrastra son esas cosas que sepentean y se acercan sigilosamente a usted en la vida. Hablan de tácticas engañosas y de escollos. Enfrentémoslo; no me gustan para nada las cosas que se arrastran. Quiero pisarlas. Cualquier sutil movimiento del diablo está bajo nuestros pies.

Con sus cuatro niveles de autoridad, usted debe gobernar como un rey y sacerdote para Dios (Apocalipsis 1:6). Usted es su embajador y representante enviado para gobernar en las cuatro esferas. Ellas son las esferas de influencia que Dios le ha dado. Usted tiene derecho a dirigírseles verbalmente y a participar espiritual y físicamente de ellas. Estar en sus esferas de autoridad significa que usted tiene el derecho de levantarse en fe audaz y actuar en su nación. También significa que usted puede gobernar su mente ante cada engaño. También significa que usted no tiene que tener temor de ser todo lo que Dios lo ha llamado a llegar a ser. Quiere decir que dondequiera que Dios lo envíe, usted debe someterse a la autoridad de Él sobre su vida. Si usted persevera, empezará a verse a sí mismo afirmándose confiadamente en cada esfera.

Dios quiere que su pueblo se ponga a la altura de la ocasión y se expresen como una voz. Sus ejemplos en la Biblia estuvieron decididos a poner su mano sobre todas nuestras esferas de autoridad, y se rehusaron a ser silenciados. Muy sencillamente, las cuatro esferas de autoridad en las que usted tiene derecho a influir son:

1. La esfera invisible
2. Los lugares altos o cielos
3. La esfera física
4. Los lugares sutiles del engaño

Estoy cerrando con llave las puertas de su iglesia

"Estoy cerrando con llave las puertas de su iglesia, Hank, y no se le permitirá presentarse aquí este domingo ni nunca más." Al escuchar eso, de inmediato, el miedo se apoderó de mí.

"¿Qué? Usted no puede hablar en serio", dije, cuestionando al administrador de la propiedad del edificio donde por entonces se reunía nuestra iglesia. Él estaba diciendo que clausuraba las puertas de la iglesia porque como inquilinos no cumplíamos las reglas. Estábamos librando una batalla con el administrador de la propiedad y los inquilinos vecinos desde que empezamos a reunirnos en un pequeño edificio comercial alquilado.

Cuando firmamos nuestro arriendo para realizar servicios, apenas estábamos empezando como iglesia. Había dicho a los propietarios que el servicio incluiría la alabanza y adoración con instrumentos, incluidos baterías y guitarras. En ese momento el administrador de la propiedad dijo que no habría problema. Pero nadie había explicado cuán finas eran las paredes que había entre nosotros y el otro inquilino. El inquilino vecino era una oficina que realizaba negocios de temporada los fines de semana.

Como usted puede imaginar, nuestros servicios de los domingos les resultaban muy ruidosos. No estaban demasiado felices y reportaron el problema al administrador de la propiedad. Así que el administrador decidió que tendríamos que mudarnos inmediatamente, lo cual significaba que no nos dejaría realizar el servicio del domingo. Fueron y cerraron las puertas con llave.

Sólo teníamos unos pocos días para resolver qué hacer ya que el domingo se acercaba rápidamente y ahora necesitábamos un nuevo lugar para reunirnos. Llamé a los pocos miembros de mi recién formada iglesia y los dije lo que estaba ocurriendo. Oramos y pedimos al Señor su dirección, negándonos a rendirnos hasta que Dios interviniera.

¿Sabe qué ocurrió? Un muy respetado profesional de la empresa —alguien a quien ni siquiera conocía y que nunca había asistido a mi iglesia— se enteró de lo que estaba ocurriendo y vino en nuestra ayuda a último momento. Esta persona negoció con las partes involucradas, y aunque por entonces no lo sabíamos, Dios tenía en marcha un milagro.

Así que el administrador nos dijo que, aunque no podía dejarnos seguir en el lugar, estaba dispuesto a darnos otro sitio en otra parte del centro comercial. El problema era que era más grande y más costoso. Pero no teníamos elección. No lo sabíamos por entonces, pero Dios estaba ampliando nuestra visión. Apretamos el paso confiando en nuestras oraciones persistentes. El resultado fue que pasamos de un sitio pequeño a otro tres veces más grande. Al final, progresamos hasta que ganamos siete veces el espacio de aquel pequeño sitio original.

Dios usó milagrosamente esa situación para expandirnos y bendecirnos. Sin embargo, podríamos haber perdido la bendición, si hubiéramos cedido al temor. Pero como una congregación se negó a cesar de insistirle a Dios, Él tomó lo que el diablo quiso usar para mal y trajo una poderosa bendición a la iglesia.

Hechos 12: la iglesia que dejó en paz a Dios

En Hechos 12, leemos que la iglesia primitiva, a través de la oración, no dejó en paz a Dios. Una vez más, fue la oración lo que hizo tan fuertes a las iglesias del Libro de los Hechos. Tenían los resultados y el poder que muchas iglesias no ven hoy en día. ¿Por qué? Porque eran diligentes y supieron cómo captar la atención de Dios.

En Hechos 12:1–3, leemos: "En aquel mismo tiempo el rey Herodes echó mano a algunos de la iglesia para maltratarles. Y mató a espada a Jacobo, hermano de Juan. Y viendo que esto había agradado a los judíos, procedió a prender también a Pedro". No sólo había muerto Jacobo, sino que ahora Pedro estaba preso y también corría riesgo de perder la vida.

¿Qué decidió hacer la iglesia? Se dieron cuenta de que un apóstol ya había partido y otro estaba a punto de seguirlo. La Biblia no dice que formaron piquetes y marcharon siete veces alrededor de la cárcel. No le llevaron un obsequio a Herodes para tratar de convencerlo de que liberara a Pedro. Ellos no recurrieron a la solución natural.

Eso es lo que hacen muchos cristianos. Buscan algún otro método en lugar de aferrarse firmemente a Dios en oración. Pero esta iglesia de Hechos 12 fue persistente en la oración. Hechos 12:5 dice: "Así que Pedro estaba custodiado en la cárcel; pero la iglesia hacía sin cesar oración a Dios por él". Se negaron a irse y a rendirse. Tomaron la decisión de orar hasta que liberaran a Pedro. Y, por supuesto, la historia termina cuando Pedro es liberado a causa de sus oraciones. Cuando llegó a la casa donde ellos estaban orando, pensaron que era un fantasma. ¿Se puede imaginar su sorpresa?

Cuando usted ora mientras está atravesando una prueba, no siempre ve la respuesta que viene en camino. Tiene que tener cuidado de reconocerla cuando llegue a su puerta. Suele ocurrir que, simplemente, usted no espera la respuesta porque no comprende que, cuando nos negamos a dejar de insistirle a Dios, algo fuerte terminará por suceder.

Cuando estaba en la escuela secundaria, durante la clase de gimnasia el profesor nos hizo aprender tiro al arco, usando arcos y flechas auténticos (o tan auténticos como pueden serlo en la escuela secundaria). Todos estábamos alineados y tratábamos de dar en el blanco, especialmente de hacer centro. Claro, yo no tenía experiencia en tirar con arco y flecha, así que me limité a disparar irreflexivamente, sin pensar que realmente podría dar en el blanco, y mucho menos hacer centro.

Ya había asumido que no sería un arquero exitoso, así que disparé sin un objetivo fijo, sin verdadera decisión. Gasté la mayor parte del tiempo haciendo el bobo. El tiro con arco es un deporte que requiere práctica y compromiso así que no hice un intento serio. Mi corazón no estaba en eso, de modo que rápidamente perdí el interés.

Una bandada de gansos voló sobre nosotros, y decidí tirar flechas al aire para ser gracioso. El problema fue que mientras disparaba al aire, no me di cuenta de que mis flechas sin objetivo estaban tocando tierra del otro lado de la colina, donde otra clase de gimnasia corría por la pista. Huelga decir que la clase de tiro con arco tuvo un final abrupto, y que yo me encontré en muchos problemas. Hoy advierto que, al disparar hacia ninguna parte, vine a dar cerca del blanco equivocado.

Lo mismo ocurre con la oración. Cuando las personas son poco entusiastas y no apuntan hacia nada, terminan con resultados que no desearían tener. No oran nunca u oran cuando están desesperadas, esperando que pase alguna cosa. Santiago 4:2–3 dice: "Desean algo y no lo consiguen. Matan y sienten envidia, y no pueden obtener lo que quieren. Riñen y se hacen la guerra. No tienen, porque no piden. Y cuando piden, no reciben porque piden con malas intenciones, para satisfacer sus propias pasiones" (NVI). Crea que usted puede lograr su objetivo en la oración por muy difícil que parezca, y niéguese a abandonar.

Jesús nos dio un principio poderoso para la oración centrada en un objetivo. En Mateo 7:7–8, dijo: "Pedid, y se os dará; buscad, y hallaréis; llamad, y se os abrirá. Porque todo aquel que pide, recibe; y el que busca, halla; y al que llama, se le abrirá". También dijo: "Y todo lo que pidiereis al Padre en mi nombre, lo haré, para que el Padre sea glorificado en el Hijo. Si algo pidiereis en mi nombre, yo lo haré" (Juan 14:13–14). Estas escrituras nos pintan un cuadro de la oración centrada en un objetivo. Podemos ver que no consiste en disparar plegarias desesperadas, esperando captar la atención de Dios. Está en apuntar hacia una solicitud específica y creer que va a hacer centro y recibir su respuesta. Es la oración que se niega a rendirse hasta recibir la respuesta deseada, incluso cuando parece que no está dando resultado.

Le será provechoso hacer una lista de las peticiones por las que está orando. Luego, vaya a la Biblia y busque una promesa bíblica con respecto a las necesidades de su lista, y adore al Señor por ellas. Esto hará que sus oraciones sean como flechas preparadas. Así armado, usted puede esperar recibir una respuesta. Luego es importante poner todos los días su mano sobre esos pedidos de oración escritos y agradecer a Dios porque ellos harán centro.

En cierta oportunidad, hice una lista de las cosas por las que estaba orando. No mucho después de orar, puse la lista en una caja y me olvidé de ella. Muchos años después, encontré esa caja con la lista de los pedidos adentro. Cuando repasé la lista, quedé impactado. Me di cuenta de que Dios había sido fiel en responder a cada una de esas necesidades durante una época muy difícil de mi vida. También me di cuenta de que nunca le había agradecido al Señor por ellos simplemente porque los había olvidado. Ahora, tomo el cuidado de agradecer al Señor por sus fieles respuestas a mis oraciones.

El clamor que se niega

Cada uno de nosotros puede pasar situaciones en que tiene que clamar a Dios. Santiago 5:4 dice: "Mirad, el jornal de los obreros que han segado vuestros campos *y* que ha sido retenido por vosotros, clama *contra vosotros;* y el clamor de los segadores ha llegado a los oídos del Señor de los ejércitos" (LBLA). En este versículo, Dios escuchó el clamor de personas que estaban oprimidas. Como ellos, a veces podemos habernos sentido completamente solos o estafados, pero no olvidemos que el Señor está escuchando.

Sin embargo, aunque escucha, Dios no es afectado por el mero hecho de gritemos, clamemos, o lloremos. Esto puede hacernos sentir mejor, pero gritar no es lo que moverá a Dios ni cambiará nuestras circunstancias. No es el sonido de nuestro grito lo que el Señor busca; es el grito de la fe y la decisión. Esto es lo que lo mueve. Y cuando logramos que Él se mueva es cuando podemos ver resultados.

Así que en la escritura previa, Él escuchó el clamor del oprimido. Pero veamos qué clase de sonido lo lleva a que actúe. Hebreos 11:6 dice: "Pero sin fe es imposible agradar a Dios; porque es necesario que el que se acerca a Dios crea que le hay, y que es galardonador de los que le buscan".

Aunque los oídos de Dios pueden escuchar el clamor de su opresión, Él busca algo más que el vacío sonido del llanto. Él busca un grito lleno de la negativa a irse vacío. Este versículo nos da tres ingredientes que Dios busca en su clamor, si es que se va a mover a favor de usted.

1. *Sin fe es imposible.* Crea que Dios siempre hará lo que dice.

2. *Crea lo que Él es.* Crea lo que la Biblia dice de Él.

3. *Es galardonador de quienes lo buscan.* Confíe en que recompensará a quienes se niegan a irse y a dejar de insistirle.

Dios quiere que usted clame a Él en su situación porque sus oídos están siempre atentos al clamor del justo. Hay una nota que, sin embargo, Dios busca en cada grito. Hay cierto sonido que quiere escuchar. No es el sonido de la desesperación. Es el sonido de una negativa, de su negativa a dejar de insistirle a Dios hasta que usted vea que sus promesas ocurren.

Los que se negaron a dejar de insistirle a Dios

La Biblia está llena de ejemplos de los que se negaron a cesar de insistirle a Dios. Estas personas no eran ficticias, ni sus historias eran fábulas. Debemos recordar que las historias de la Biblia realmente ocurrieron. Esas personas no eran en nada diferentes de nosotros.

¿Qué clase de hombre era Elías? Vea Santiago 5: 17, que dice: "Elías era un hombre con debilidades como las nuestras. Con fervor oró que no lloviera, y no llovió sobre la tierra durante tres años y medio" (NVI). Elías era un ser humano normal exactamente como usted y exactamente como yo. Si por medio de la oración persistente él pudo hacer que algo maravilloso ocurriera, usted también puede. He aquí una lista de personas de la Biblia que se negaron a dejar de insistirle a Dios. Pueden ser más de los que usted advirtió. Podemos ser alentados por sus ejemplos, porque si ellos pudieron hacer milagros por haberse negado a rendirse, entonces nosotros también podemos hacerlo.

- *Jacob*: No iba a dejar a Dios hasta que el Señor lo bendijera, y llegó a ser la nación de Israel (Génesis 32:26).

- *Moisés*: Cuando Dios quiso que no se metiera, Moisés se rehusó y salvó a una nación (Éxodo 32:10–14, NVI).

- *Ezequías*: Este rey estaba destinado a morir, pero volvió su rostro a la pared en oración. Se negó a dejar de insistir hasta que tuvo noticias de Dios. Quince años fueron añadidos a su vida (2 Reyes 20:1–6).

- *La iglesia de Hechos*: Cuando esta iglesia fue perseguida, acontecieron tremendos milagros porque el pueblo oró y se negó a dejar de insistirle a Dios (Hechos 4:31; Hechos 12).

- *La mujer sirofenicia*: Teniendo una hija que necesitaba un milagro, se negó a aceptar un no por respuesta. Incluso, después de una aparente ofensa de Jesús, siguió negándose a cesar de insistirle, y recibió la curación para su hija (Marcos 7:25–30).

- *El ciego Bartimeo*: Se negó a dejar a Jesús aun cuando fue ignorado, a la vez que otros trataron de impedírselo. Su determinación hizo que recibiera la visión (Marcos 10:46–54).

CUANDO JESÚS QUISO ESTAR SOLO

Jesús fue a un lugar silencioso para estar solo. Probablemente empezó un día exactamente igual a todos los otros, cuando le llegaron noticias, como dice Mateo 14. Eran las noticias de que el primo de Jesús, Juan el Bautista, acababa de ser decapitado. El Señor fue visiblemente afectado por esto, porque su primo había sido el que profetizó su ministerio, el que había declarado: "He aquí el Cordero de Dios, que quita el pecado del mundo" (Juan 1:29). El único que parecía comprender su misión se había ido ahora.

Después de escuchar esto, Jesús se fue para estar a solas. Busque la historia en Mateo 14:12–13: "Entonces llegaron sus discípulos, y tomaron el cuerpo y lo enterraron; y fueron y dieron las nuevas a Jesús. Oyéndolo Jesús, se apartó de allí en una barca a un lugar desierto y apartado; y cuando la gente lo oyó, le siguió a pie desde las ciudades". Note que Jesús no recibió las noticias hasta después de que su primo estuvo ya enterrado. ¡Qué conmoción le causaría eso a la mayoría de las personas! Cuando Él lo escuchó, no reaccionó con pánico, pero partió en una barca a un lugar desolado para estar solo. Como la mayoría de las personas, sólo quería apartarse por un momento.

Cuando las multitudes descubrieron dónde estaba, sin embargo, lo siguieron al desierto. Aquí el mismo Hijo de Dios simplemente quería estar a solas, pero la gente se negó a dejarlo. Cuando Jesús vio su determinación, no los mandó de vuelta. La Biblia dice que cuando vio la gran multitud, fue movido a compasión hacia ellos, y curó a los enfermos. Vea Mateo 14:14, que dice: "Y saliendo Jesús, vio una gran multitud, y tuvo compasión de ellos, y sanó a los que de ellos estaban enfermos".

Cuando la gente se negó a dejar solo a Jesús, ¿cuál fue el resultado? Los bendijo. No los mandó de vuelta, ni siquiera cuando su costado humano necesitaba tomarse un momento.

¿Qué ocurrirá cuando usted lo persiga como lo hicieron estas personas? Él le responderá. Cuando algo lo moleste o lo lastime ore, no hasta que usted sienta una mejoría momentánea, sino hasta que vea manifestarse la respuesta. Incluso cuando Jesús tenía en mente hacer una cosa, la insistencia de algunas personas hizo que él cambiara de parecer. Eso revela cuánto nos quiere realmente y cómo responderá cuando lo persigamos. Aún cuando no quería estar con nadie, Él respondió a un pueblo hambriento.

Para darse cuenta de qué increíble fue esto, póngase usted mismo en los zapatos de Jesús. Como la mayoría de nosotros, puedo comprender un poco lo que significa no querer ser molestado algunas veces. ¿Ha tenido alguna vez una época en la que no ve la hora de tener un momento a solas? Especialmente hoy en día, con teléfonos celulares, faxes y correo electrónico. Todos esperan que usted esté disponible a toda hora para responder las llamadas, sin importar lo que tenga que hacer. Las ocasiones más demandantes parecen presentarse siempre justo cuando usted quiere tener un rato de silencio.

Así es probablemente como se sentía Jesús. Sólo quería un momento de tranquilidad para reunir sus ideas. Pero cuando vio la persistencia de esa multitud, no pudo hacer caso omiso de ella. Pienso que dentro de Jesús había algo que no podía resistir a un pueblo hambriento. Su negativa a dejarlo solo fue suficiente para que Él cambiara de idea en ese momento.

La Biblia nos da una comprensión adicional de la perseverancia de estas personas. Es quizás lo que se destacaba para Jesús e hizo que Él respondiera a sus necesidades. Lo encontramos en el mismo pasaje de Mateo 14, en los versículos 13 a 15:

- *Lo escuchaban*. No dudaban de lo que escucharon acerca de Jesús. Por el contrario, creyeron en Él.

- *Lo siguieron.* Pusieron en acción lo que creyeron. Hicieron algo físico para confirmar su fe.

- *Lo siguieron a pie.* No usaron el método más fácil para llegar allí. Lo siguieron incluso arriesgándose al agotamiento.

- *Lo siguieron todo el día hasta tarde.* Se olvidaron del tiempo y continuaron aunque se hizo tarde.

Creo que Dios está buscando en los días actuales una iglesia que lo siga con la misma persistencia que esta multitud. No dudaron de lo que escucharon de Jesús, e hicieron algo al respecto, aunque eso significara que se podían cansar o enfrentar un desafío al hacerlo. Podían haber estado tentados a irse. Sin embargo, fueron tras Él y sacrificaron su tiempo para conseguir la manifestación de su milagro.

Cuando Jesús vio ese nivel de determinación, no pudo ignorar su negativa a dejarlo solo. Eso hizo que Jesús cambiara de idea sobre sus planes para ese día. Y ese grupo recibió lo que había venido a buscar.

EL HOMBRE DE LA GÓNDOLA

Lo que debemos decidir es cuánto queremos recibir nuestra respuesta. Cierta vez me sucedió algo extraño que el Señor usó para mostrarme el poder de rehusarse cuando usted quiere algo realmente malo.

Había llevado a mi familia a cenar en el centro de la ciudad de Omaha. Fue una tarde de verano muy calurosa, pero la siguió una noche propicia para dar una vuelta después de la cena, haciendo sitio para un helado. En el centro, hay una fuente que lanza el chorro a unos trescientos pies (aprox. 10 m.) de altura y tiene luces que le dan al agua diferentes colores. Se encuentra en medio de un pequeño lago de la ciudad, y usted puede alquilar una góndola que da vueltas alrededor de la fuente. Pensamos que parecía divertido y decidimos navegar en una.

Viendo el rocío del agua fresca, pensé que habría un poco de aventura en acercarnos lo bastante como para que el agua nos cayera encima. Le dije a mi familia: "Hey, veamos cuán cerca de la fuente podemos animar al conductor a que se ponga". Así que le pregunté: "¿Hay manera de que usted pueda poner este bote justo debajo de esa fuente?".

Se rió y dijo: "No, esa fuente dispara a trescientos pies de altura, y posiblemente podría hundir este bote. Además de eso", dijo, "a mi jefe no le gustará". Miré a mi esposa, y ella me estaba haciendo una mirada que decía que era mejor no presionarlo. Pero, ¿cuán malo podía ser lo que yo quería?

En el bote, iba con nosotros una pareja de aproximadamente veinte años de edad que estaba en una fecha especial. Estoy seguro de que no querían ir a meterse debajo del agua, pero yo quería poner el bote bajo esa fuente. Así que les planteé a todos los del bote cuán inolvidable sería que nos acercásemos a la fuente.

Después de un rato, algunos estuvieron de acuerdo en que podría ser divertido, hasta que finalmente hubo consenso para pasar por debajo de la fuente. Nadie levantó la voz para protestar, ni siquiera la pareja de la fecha especial. El hombre de la góndola me dijo que yo no comprendía la presión del agua, pero insistí en que podíamos acercarnos sin peligro. ¿Correcto? Para entonces, él mismo estaba tentado de hacerlo, así que se movió lentamente hasta más cerca del chorro de agua.

¿Sabe lo que ocurrió? Nos acercamos tanto que finalmente no pudimos evitarlo. Los ojos de todos se pusieron más grandes, y la linda pareja de la fecha especial se miraba el uno al otro con miedo. Antes de que pudiéramos acordarnos, el agua estaba encima de nuestra cabeza, alta en el aire. "Sí, ¡estamos entrando!", grité.

Nos ubicamos exactamente junto al borde de la fuente, y repentinamente galones de agua vinieron a caer sobre la góndola. Quedamos empapados. La pobre pareja que celebraba estaba a los gritos. Estaba empapado, mi esposa también. También estaba empapada en otro sentido: de irritación. Supongo que algunas personas del bote no compartieron mi sentido de la aventura.

Después del paseo, teníamos que cruzar el centro de la ciudad de regreso en automóvil. Traté de decirle a mi esposa que no se preocupara, que estaríamos secos antes de llegar allí. No era cierto; fuimos chapoteando a través del centro de la ciudad un viernes por la noche.

La idea de esta historia es que yo fui persistente. Estaba caluroso y quería refrescarme. No acepté un no por respuesta. Por supuesto, posiblemente debí haber sido más considerado con las otras personas, pero ellas no levantaron la voz. Guardaron silencio sobre el tema, y mi perseverancia consiguió triunfar.

¿Qué ocurriría si nos negáramos a dejar en paz a Dios de ese modo? Así como el conductor de la góndola cambió su modo de pensar, podríamos ver a Dios responder de esa manera ante nuestra determinación. Pregúntese a sí mismo, ¿cuán malo es lo que usted quiere? En la Biblia, el Señor respondió a los que se negaron a rendirse mientras que a los pasivos los pasó por alto. Niéguese a dejar en paz a Dios hasta que su respuesta se manifieste.

Sí, habrá oposición, y, a veces, usted estará lo suficientemente cansado como para rendirse, especialmente cuando siente que está golpeando una pared de ladrillo después de otra. Dése cuenta de que muchos antes de usted han sentido lo mismo. Pero si usted se niega a irse, Dios responderá a su determinación.

No se rinda. Presione hasta que reciba del Señor lo que usted necesita.

4

No te dejaré hasta que me bendigas

> Entonces el hombre le dijo: ¡Suéltame, que ya está por amanecer! ¡No te soltaré hasta que me bendigas! respondió Jacob.
>
> —Génesis 32:26, nvi

FUE CON DETERMINACIÓN QUE Jacob se aferró a lo que deseaba. Dijo: "No te dejaré, hasta que me bendigas". Esto es lo que dijo Jacob cuando luchó con un hombre en Génesis 32:26 (nvi). Ésta fue una declaración que sería repetida por muchos hombres y mujeres de Dios. Es el sincero anhelo del corazón de la mayoría de los creyentes que no quieren cesar de insistirle a Dios. Desean buscar a Dios hasta llegar a ver lo mejor que Él tiene para su vida.

La mayoría de los cristianos comprometidos desea permanecer íntimamente conectados con Dios todos los días y en toda situación. Sin embargo, muchos se encuentran atrapados por distracciones y programas que los tientan a dejar a Dios fuera de su vista, aun sabiendo que todavía les falta la bendición que Él tiene disponible para ellos.

Jacob tuvo que encontrar dentro de sí la determinación para perseverar por la bendición y las respuestas que necesitaba. Esto es lo que el Padre Dios está buscando de nosotros.

Típicamente, la mayoría de las personas desea experimentar las bendiciones de Dios, pero pocos están dispuestos a pasar por la lucha de las circunstancias presentes para recibir lo que el Señor les ha prometido. A Jacob le ocurrió algo que hizo que se asiera firmemente a Dios hasta conseguir lo que necesitaba.

El Señor no quiere que usted se quede siempre sin respuesta. Como dice el viejo adagio: "Bueno es lo que bien acaba". De la experiencia de Jacob vemos que él persistió hasta que recibió, aunque parecía que la respuesta podría estar alejándose de él. El diablo quiere que parezca que Dios está a un millón de millas, y que no le va a responder. Pero por la experiencia de Jacob, vemos que Dios estaba allí. Estaba a su alcance. Era tangible en la situación de Jacobo. Dios está también a su alcance, pero quiere saber si usted seguirá buscándolo a Él hasta que se manifieste su bendición. El Señor está allí si usted trata de alcanzarlo.

Jacob luchó con un hombre acerca del cual la Biblia nos deja una clara indicación de que era Dios mismo. Génesis 32:30 dice: "Y llamó Jacob el nombre de aquel lugar, Peniel; porque dijo: Vi a Dios cara a cara y fue librada mi alma". ¿A quién vio Jacob? Jacob dice que vio a Dios cara a cara, y, por lo tanto, llamó a ese lugar Peniel, que significa literalmente "el rostro de Dios".

Algunas traducciones dicen que luchó contra un ángel. Pero el relato completo revela que la experiencia de Jacob fue mucho más significativa. Era muy diferente de otros muchos lugares de la Escritura donde las personas tuvieron encuentros con ángeles.

Este momento fue especial porque Dios estaba creando una nación; estaba rehaciendo a un hombre. Jacob era el hombre que iba a ser una figura de la Iglesia, el Israel espiritual. Debido a esto, creo que él debió tener literalmente un encuentro con Cristo, el Señor de la Iglesia. Por esta razón luchó con tanta determinación, estaba experimentando un proceso de transformación que lo hacía sentirse inadecuado y necesitado de la bendición de Dios. Dios estaba haciendo algo sobrenatural en su carácter.

Éste es el ejemplo de la iglesia y de cómo Dios nos cambia a la imagen de Cristo. Sabemos que Jacob experimentó una transformación porque el Señor le cambió el nombre de Jacob, que significa "engañador", a Israel, que quiere decir "Dios gobierna" y "el que lucha *con* Dios". El Señor estaba convirtiéndolo de un engañador habitual en una persona de decidida persistencia que, a pesar de sus fracasos anteriores, se volvió totalmente dependiente de Dios.

Esto es lo que Dios quiere hacer con usted y conmigo. Desea transformarnos en personas estables que creen las promesas del Señor, sin importar lo que suceda. Muchas personas no son perseverantes en el espíritu porque las desilusiones pasadas no les dejan ver su poderoso futuro. Como Jacob, necesitan una experiencia con el Señor que los transforme. Necesitan un encuentro con el rostro de Dios, así que nunca se darán por vencidos en su búsqueda de la bendición de Dios, aunque parezca fácil detenerlos.

Debemos llegar a ser personas totalmente sometidas a Dios, que perseveran para recibir lo mejor que Él tiene. Por esta razón es tan vital que comprendamos el encuentro de Jacob. Para representar a la futura iglesia, este hombre, Jacob, necesitaba un encuentro divino con Jesucristo. Una vez que ocurrió, causó algo que originó en él la decisión de no dejar al Señor hasta que lo bendijera.

El versículo dice que Dios le pidió a Jacob que lo dejara ir porque el alba estaba próxima. Observe que luchó de noche, lo que nos habla de enfrentar su hora más oscura, el momento en que usted se siente más solo. Una vez más, parecía que Dios se estaba haciendo el difícil, y que era dificultoso esperar en sus promesas. Sabemos, sin embargo, que no era así.

En cambio, Dios estaba buscando a alguien que persistiera. Deseaba a alguien que estuviera decidido a obtener su bendición y dispuesto a pagar un precio para experimentarla. Entonces es como si el Señor quisiera aparentar que necesitaba irse, pero en todo momento estuviera esperando una razón para quedarse.

Esto parece ser una constante del carácter de Dios en la Biblia. También lo encontramos en Lucas 24:28-29: "Llegaron a la aldea adonde iban, y él hizo como que iba más lejos. Mas ellos le obligaron a quedarse, diciendo: Quédate con nosotros". Parecía que Jesús iba a seguir sin ellos. Indudablemente, era para ver cuál sería su respuesta. Quizás Jesús sólo deseaba ser invitado a quedarse con ellos. Podrían haberlo dejado ir, pero le insistieron para que se quedara.

A menudo, no nos damos cuenta de que el Señor desea que lo invitemos a quedarse, a participar en nuestros asuntos. Dios quiere que usted tome la iniciativa de incluirlo y que demuestre que no puede vivir sin Él. Él ya nos ha demostrado eso al enviar a Jesús. Él es nuestro ejemplo. Mire otra vez Lucas 24:29: "…le obligaron a quedarse diciendo: Quédate con nosotros".

Él desea que correspondamos a esa expresión en nuestras acciones diarias. De todas las cosas que podemos aprender sobre la relación con el Señor, Él quiere ver si continuaremos siguiéndolo, aunque parezca que Él no se mueve como lo esperamos. Desea que lo busquemos a Él y a sus promesas de una manera incondicional.

¿Estamos decididos? Tenemos que preguntarnos si estamos decididos a buscarlo aun cuando nuestra victoria parezca estar a millas de distancia, aun cuando parezca que Dios no está allí. ¿Nos aferraremos a Él hasta que veamos sus bendiciones? ¿Lo invitaremos a quedarse con nosotros?

Marcados por Él para siempre

Después de que Jacob tuvo esta poderosa experiencia con Dios, como resultado no solamente fue cambiado, sino también marcado para siempre. Génesis 32:25, 31-32 dice: "Y cuando el varón vio que no podía con él, tocó en el sitio del encaje de su muslo…Y cuando había pasado Peniel, le salió el sol, y cojeaba de su cadera. Por esto no comen los hijos de Israel, hasta hoy día, del tendón que se contrajo, el cual está en el encaje del muslo".

Jacob luchó hasta que el hombre finalmente tuvo que descoyuntarle el muslo. Eso debe de haber sido muy doloroso, un momento que estoy seguro él jamás olvidó. Bueno, la lucha de Jacob comenzó como una pelea por los derechos de su propia carne, pero sucedió algo que cambió su lucha del pelear por sus propios derechos a luchar por la bendición de Dios. Hay una diferencia.

Cuando su muslo fue sacado de lugar, fue una experiencia que le cambió la vida. Su muslo representaba su propia fuerza para estar de pie. Era necesario que supiera que siempre es mejor depender de la bendición de Dios para su vida que resistir por su propia cuenta. Una vez que usted ha tenido una experiencia transformadora con

Dios, es marcado para siempre, cambiado para siempre. Su andar será distinto.

Si usted es cambiado para siempre por el Señor, su vida dará fruto de ello, una marca permanente, como Jacob. Habrá una "cojera" espiritual que dice que ha dejado de lado sus propios derechos.

Dios no usa el daño o la tragedia para lograr que eso ocurra en su vida. El ejemplo físico de Jacob es una imagen de aquello a lo que Dios quiere que usted se someta espiritualmente. Dios lo quiere marcado por su poder de tal manera que usted muestre que su carne ya no lo sigue controlando.

La historia de Génesis 32 nos relata que hubo un momento en que Jacob parecía prevalecer durante la lucha, hasta que el muslo le fue descoyuntado. No era que Jacob, en sentido literal, prevaleciera físicamente contra el poder del Señor, sino que prevalecía en su propia voluntad y determinación carnal. Luchaba por retener su propia independencia carnal. Tenía que aprender a depender del poder de Dios, y ya no de los medios engañosos que anteriormente estaba acostumbrado a usar. Jacob tenía que ser vaciado de sí mismo y decidirse a confiar en el poder del Señor hasta que su fruto o bendición se manifestara en su vida.

Se dice, históricamente, que Jacob cojeó por el resto de su vida. Para él, esto fue un recuerdo perpetuo de cuán fútiles son las capacidades naturales. Terminó por darse cuenta de que no podía confiar en su propia fuerza para concebir su camino en la vida. Lo sintió literalmente cuando "le faltó una pierna en la cual pararse".

Las personas que han tenido un encuentro cara a cara con Dios siempre *caminarán* de manera diferente a la de quienes no lo han tenido. La cojera de Jacob lo marcó como un hombre que fue transformado en alguien que nunca dejaría de aferrarse al Señor. Desde su comienzo como engañador hasta ser mencionado como un príncipe que llevaba el poder de Dios, su lucha es la ilustración de una verdadera conversión. Todo hombre queda marcado para siempre después de estar en contacto con Dios de esta manera, y Dios desea que todos tengamos esa experiencia. Jacob fue elogiado porque estuvo dispuesto a soportar ese proceso de conversión hasta no poder vivir sin la bendición de Dios. Fue esa experiencia la que le dio confianza para esperar que Dios lo bendijera. Esa marca en su vida era visible para todos.

Las personas notarán que hay algo diferente en usted cuando esté marcado con el favor de Dios porque perseveró en quedarse con Él. No hay nada mejor que tener una vida marcada por la bendición de Dios.

En una ocasión cuando estaba orando, decidí tener un tiempo especial sólo de adoración y acción de gracias. Le dije al Señor que no había ido para hacerle ninguna petición ni realizar ningún pedido; sólo deseaba *estar allí*. Entonces sentí que el Señor me decía que apreciaba que simplemente quisiera estar con Él, sin pedir nada. Por supuesto, Dios desea bendecirnos. Pero hay un momento en que necesitamos preocuparnos por lo que sucede en el corazón del Padre y por lo que *Él* está interesado en hablarnos.

¿Sabe que aunque yo sólo trataba de bendecir al Señor, seguía sintiendo que Él trataba de darme algo a mí? Dije: "Señor, hoy todo es para ti". Me sorprendió que el Señor no desistiera fácilmente. Seguía sintiendo ese empujoncito del Espíritu que deseaba que le pidiera algo. Cuanto más persistía Él, más trataba de decirle que sólo quería alabarlo. Me sentía luchando con el Señor. Realmente no deseaba pedirle nada, pero, ¿sabe? Él parecía decidido a bendecirme. Por supuesto, yo cedí. Me marcó con su bendición, ¡gloria a Dios! Y recibí todo aquello por lo cual oré ese día.

Aprendí algo de ese tiempo de oración. Mi intención era bendecir a Dios, y su intención, en cambio, era *no dejarme ir* hasta que Él me bendijera. Deseo animarle hoy a buscar al Señor y no dejarlo ir. Sea persistente con Él con respecto a todo lo que le interesa. Encontrará su vida marcada con su favor y su bendición.

Cuando usted lucha por conseguir su respuesta

¿Ha luchado alguna vez para recibir respuestas de Dios que necesita mucho? Aprender a caminar en la bendición de Dios es un proceso de por vida que requiere disciplina y fidelidad. Como Jacob, en ocasiones podemos encontrarnos luchando por eso.

Lucharemos contra muchas cosas para vivir en la bendición de Dios. No sólo lucharemos con Dios para dejar ir nuestros deseos carnales, sino que también lucharemos la batalla de la fe para mantenernos decididos a caminar en todas las promesas de Dios, aunque el diablo esté tratando de desanimarnos. Por esta razón la experiencia de Jacob con Dios es un ejemplo para usted y para mí.

Naturalmente hablando, la lucha es un deporte que requiere resistencia, fuerza, velocidad, y destreza. A diferencia del boxeo, rara vez acaba en segundos. La lucha puede continuar por bastante tiempo hasta que uno de los oponentes esté totalmente exhausto y se rinda. Todos nosotros somos luchadores comprometidos en un combate que dura toda nuestra vida.

Cuando estaba en los primeros años de secundaria y decidí intentar estar en el equipo de lucha libre, era un muchachito flacucho, absolutamente sin músculos ni carne. Luchaba con unas 89 libras (unos 40 kg.) y no sabía nada sobre lucha excepto lo que veía en la televisión.

Allí estaba yo en mi primer año de lucha, listo para hacer frente a mi contrincante. Comencé inclinado, tocando la alfombra con mis manos. Sonó el silbato, e instantáneamente me hallé de espaldas mientras el referí golpeaba la alfombra contando uno, dos, tres. ¡Estaba impactado! Me di cuenta de que me habían inmovilizado apenas empezó el combate. Mi oponente me empujó la cabeza, me tiró al piso y me sujetó. En un total de cuatro segundos había terminado. ¡Cuatro segundos! Probablemente fue un récord estatal. Qué lamentable.

Tal vez es así como usted se siente en la vida: caído de espaldas y derribado para el conteo. Debemos comprender que caminar con Dios y recibir sus continuas bendiciones es un proceso que dura toda la vida. No se dé por vencido fácilmente. Aprenda a insistir hasta recibir lo que necesita del Señor. No es que Él se lo esté reteniendo, sino que desea que usted aprenda el arte de la resistencia y la fortaleza espiritual, para que el diablo no pueda eliminarlo en sólo cuatro segundos.

Recuerdo muchos momentos de lucha en mi vida por las bendiciones de Dios, en que Él tuvo que enseñarme el arte de la perseverancia espiritual y la fe. Al poco tiempo de casarnos, mi esposa y yo luchábamos mientras aprendíamos a obedecer a Dios en las finanzas. Contábamos cada centavo tratando de llegar a fin de mes. Luchábamos y usábamos nuestra fe en todas las formas que conocíamos. Dábamos los diezmos y las ofrendas; esperábamos en la Palabra del Señor y en sus promesas de prosperidad. Fue un "proceso", y tuvimos que luchar para recibir las bendiciones de Dios.

Teníamos la costumbre al ir al supermercado era llevar una calculadora para no gastar más que los pocos dólares que teníamos disponibles. La palabra *dinero* me sonaba deprimente en ese entonces. Finalmente, un día rompí con el Señor. Decidí que ya había estado encadenado al "proceso" el tiempo suficiente; fui al supermercado sin la pequeña calculadora, parecía casi una herejía. No iba a tratar de gastar tontamente, pero necesitábamos una victoria, y había llegado a un punto donde iba a confiar o morir.

Recuerdo que transpiraba mientras cada artículo del supermercado pasaba por la caja registradora. Dios estaba observando nuestra decisión de confiar en Él y no en nuestra habilidad para ganar la batalla de la fe. Estaba mirando si íbamos a pelear por su bendición o si nos íbamos a rendir.

Durante esos años, también necesitábamos la bendición de Dios para nuestros autos. No era sólo que la bendición para los autos parecía estar a millones de millas de distancia, sino que además no era algo por lo cual tuviéramos fe para luchar. Cada auto que teníamos era malo. Teníamos varios autos diferentes, a algunos de los cuales los habíamos obtenido de amigos o familiares. Eran herrumbradas latas de nada, excepto uno que estaba en condiciones normales, pero era tan grande que parecía que podrías hacer aterrizar un avión sobre el capó.

Un auto en especial estaba tan mal que se incendiaba cada vez que aceleraba durante más de tres minutos. No sabíamos eso cuando lo compramos por cuatrocientos dólares *prestados*, hasta una mañana nevosa en que lo encendí para que se calentara, mientras volvía a casa para terminar de prepararme para ir al trabajo. Mirando casualmente por la ventana, vi llamas bajo el capó.

"¡El auto se incendia!" grité, y salí corriendo de la casa hacia la entrada. Mientras, seguía gritando: "¡El auto se incendia! ¡El auto se incendia!". Y corría frenéticamente alrededor buscando la manera de apagarlo, porque en todas las películas que había visto, un auto en llamas era algo malo.

Parecía que no podía pensar claramente, pero sabía que no debía levantar el capó. Así que junté un poco de nieve del piso y la arrojé con violencia sobre el capó y la parrilla donde podía ver las llamas. Después de arrojar nieve frenéticamente desde la entrada, de algún modo logré sofocar el fuego. Pero probablemente debería haber dejado que esa cosa se siguiera quemando. Nuestros autos viejos no sólo servían para avergonzarnos sino que también hacían parecer que Dios no siempre prestaba atención a nuestras luchas. Aunque a veces quería soltar mi enojo y patear los neumáticos, lográbamos mantenernos resueltos en nuestra confianza en que finalmente Dios nos iba a bendecir.

Estábamos incansablemente dedicados a practicar cada principio bíblico que conocíamos. Sembramos semillas, dimos, y declaramos la Palabra. Luchamos durante años: no íbamos a dejar que Dios se fuera hasta que nos bendijese.

Hasta que un día ocurrió.

Acababa de regresar de un viaje ministerial cuando sonó el teléfono. La persona del otro lado de la línea era muy persistente, diciendo que quería venir a visitarme. Bueno, realmente yo no deseaba ninguna compañía porque acababa de llegar a casa y estaba cansado. Traté de decirle que acababa de llegar de predicar fuera de la ciudad, pero él no quería un no por respuesta. Dijo: "Hank, realmente es necesario que me permitas ir a verte porque tengo algo importante para darte".

Así que cedí, y cerca de dos horas después, él llegó. Estuvimos un rato en casa, y luego esta persona me pidió que fuéramos al auto.

Entonces, para mi absoluta sorpresa, me extendió las llaves del auto y dijo: "Es tuyo".

Mi esposa y yo estábamos atónitos. Era un auto flamante y lujoso, y esta persona nos dijo que podíamos usarlo o venderlo por cualquier otra cosa que necesitáramos.

¿Sabe qué? Por un momento no pude creer lo que estaba ocurriendo, al punto de que casi traté de decir no. Mi mente estaba llena de toda clase de pensamientos locos, como: "No merezco esto". "¿Qué pensará la gente?"

El diablo *quiere* evitar que usted reciba del Señor. Él *quiere* que usted se dé por vencido enseguida, porque si vive el tiempo suficiente sin la bendición de Dios, comenzará a verse a sí mismo como alguien indigno de recibir algo bueno en su vida. Usted desarrolla su imagen mental como de alguien que siempre se las arregla por sí mismo, entonces él gana porque le ha hecho dudar de las promesas de Dios. Por esa razón es tan importante no rendirse hasta que reciba *todo* lo que se le ha prometido.

Simplemente no deje de insistirle, no importa cuánto tiempo parezca llevarle. La bendición de Dios se manifestará en su vida si usted lucha por ella sin darse por vencido.

El proceso de la semilla cultivará su bendición

Una de las principales maneras de entrar en las bendiciones es entender la semilla, el tiempo, y la cosecha. Por esta razón la Biblia dice que mientras la tierra permanezca, habrá semilla, luego tiempo, lo cual resultará en una cosecha de bendiciones: "Mientras la tierra permanezca, no cesarán la sementera y la siega, el frío y el calor, el verano y el invierno, y el día y la noche" (Génesis 8:22).

Cuando se trata de las bendiciones de Dios, por lo general las queremos instantáneamente. En especial en esta sociedad de microondas, queremos todo ya. Muchas personas no quieren la lucha o el proceso que lleva recibir las bendiciones de Dios. Como podemos ver del versículo de Génesis, comienza primero con una semilla, luego viene el tiempo de la semilla —el tiempo que le lleva a la semilla crecer —y tras ello el resultado de una cosecha de bendición.

Como las semillas físicas necesitan cierto tiempo para germinar y crecer, así también las semillas espirituales. Durante ese periodo de crecimiento, tenemos que cuidar y regar las semillas. Eso requiere dedicación y a veces mucha paciencia. Es aquí donde muchas personas se pierden de disfrutar la plenitud de las promesas y bendiciones de Dios. No desean un proceso de por vida o un periodo de crecimiento. Son impacientes para esperar que la semilla madure y dé fruto, de modo que se rinden antes de tiempo.

Cuando Dios creó la tierra, su propósito fue que fuese una bendición. Él deseaba que todo creciera y produjera algo bueno. Todo fue creado con la capacidad de reproducirse de una semilla, la capacidad de producir según su propia especie. En otras palabras, Él no *solamente* hizo un árbol. Dios les dio a los árboles la capacidad de dar de allí en adelante semillas que producirían más árboles.

Hizo lo mismo cuando creó al hombre. También le dio al hombre la capacidad de generar simiente que produciría hijos. Génesis 1:11-12 dice: "Después dijo Dios: Produzca la tierra hierba verde, hierba que dé semilla; árbol de fruto que dé fruto según su género, que su semilla esté en él, sobre la tierra. Y fue así. Produjo, pues, la tierra hierba verde, hierba que da semilla según su naturaleza, y árbol que da fruto, cuya semilla está en él, según su género. Y vio Dios que era bueno".

Cuando usted se percate de que todo en la tierra gira alrededor del proceso de la semilla, no encontrará tan difícil perseverar con Dios y confiar en Él para sus promesas. Sencillamente, usted puede esperar durante el periodo de crecimiento hasta que llegue la cosecha. Sí, habrá tiempos en que se sentirá calor y sequedad, y podría parecer que todas las pestilencias están tratando de pisotear su jardín.

Habrá momentos en los que no tendrá ganas de regar su jardín porque la lucha contra los elementos será más fuerte que usted. Pero manténgase firme. La lucha por su cosecha es mucho menos dolorosa que lo que sucedería si usted no plantara semilla alguna. Usted no tenía nada *antes* de plantar las semillas, de modo que seguramente está mejor ahora, luchando por ellas.

En otras palabras, no deje de luchar, no deje de sembrar hacia su meta, y lo más importante, no abandone las promesas de Dios. No deje de creer. Esos resultados —el cumplimiento de las promesas que Dios le dio— son su cosecha.

Cuando estaba en la escuela primaria, tuve mi primera lección sobre el principio de plantar una semilla y el tiempo que le lleva producir una planta. En clase hicimos un experimento en el cual todos plantamos semillas en un vaso de espuma de poliestireno lleno de tierra. El maestro nos enseñó cómo darles luz y agua. Recuerdo cómo parecía llevarles mucho tiempo a esas semillas el hacer algo. Así que cuando la curiosidad fue más fuerte que yo, cavé en la tierra y la revisé. No había ningún cambio: ¡nada!

Días después, todos los vasos estaban creciendo excepto el mío. Cuando el maestro me preguntó por mi planta, le dije que había cavado la tierra para revisarla. Bueno, como usted sabe, ésa es la razón por la cual nunca creció. Yo había estorbado el proceso al controlarlo constantemente.

¿No es precisamente eso lo que hacemos cuando se trata de recibir las bendiciones de Dios? Nos impacientamos con el proceso, y tendemos a revisar su estado por nosotros mismos. Tratamos de ayudar a Dios en el cultivo. Pero no siempre nos damos cuenta de que, al hacerlo, sólo estamos interrumpiendo el proceso de crecimiento que pondrá de manifiesto nuestras respuestas.

Jesús repitió este proceso de semilla, tiempo y cosecha en Marcos 4:26-29, cuando dijo: "Con el reino de Dios sucede como con el hombre que siembra semilla en la tierra: que lo mismo da que esté dormido o despierto, que sea de noche o de día, la semilla nace y crece, sin que él sepa cómo. Y es que la tierra produce por sí misma: primero el tallo, luego la espiga y más tarde los granos que llenan la espiga. Y cuando ya el grano está maduro, lo recoge, porque ha llegado el tiempo de la cosecha" (DHH).

La siembra de las semillas para su cosecha puede resumirse de una forma sencilla: busque a Dios haciendo que su reino sea su prioridad. Eso significa dar de sí mismo a Él en toda forma posible. La siembra se halla en un estilo de vida que está totalmente rendido a Dios y su Reino. A veces, sus semillas serán ofrendas económicas, y otras veces las semillas serán el tiempo que se da, ya sea sirviendo dentro del Cuerpo de Cristo o simplemente pasando tiempo de oración en privado.

Una vez que usted ha sembrado las semillas para su bendición, la clave es mantenerlas regadas mientras espera que se cumpla "el tiempo de la semilla". Regar significa que usted no levanta las manos al aire a mitad de camino y se rinde cuando está en una sequía espiritual. Básicamente, usted puede regarla alabando a Dios y proclamando sus promesas. Diga que su respuesta está en camino. Luego, regocíjese y espere pacientemente hasta la cosecha, porque vendrá.

Jesús usó una palabra poderosa en Marcos 4. Es la palabra que todos deseamos oír, y el pináculo de su lección. La palabra es *cosechar*. Así que si su meta es cosechar, significa que debe permanecer en "el negocio del cultivo" hasta que sea tiempo de *cosechar* su fruto.

Algunas cosechas tienen un periodo de crecimiento más largo que otras, así que esperar a través del elemento tiempo requiere paciencia. Quizás no siempre sepa cuán largo será el periodo de crecimiento, especialmente si no ha plantado o cosechado esa clase de semillas antes. Pero no existe otra manera de disfrutar la cosecha de bendición que Dios tiene para usted. Sea una necesidad de sanidad, finanzas, u otra clase de cosecha la que usted quiere recibir, no se rinda hasta que sea bendecido. Y no se dé por vencido hasta que reciba el resultado deseado al realizar su cosecha.

Recuerde, toda cosecha comienza con semillas. Cuando pensamos en semillas, por lo general nos enfocamos hacia las finanzas. Eso es normal ya que he descubierto que hay dos áreas principales de problemas de las cuales todos nos ocuparemos en uno u otro momento de nuestra vida. Estas son dos cosas por la cuales le será necesario orar y obtener una cosecha de la bendición de Dios para tratar con ellas. Estas dos son la *sanidad* y las *finanzas*.

De todas las cosas con las cuales la gente lucha, y de todo lo que la gente parece ocuparse antes de morir, estas dos son las que predominan. Muchas más personas mueren enfermas y quebradas que con cualquier otra cosa. Por esto Dios nos dice en su Palabra: "Amado, yo deseo que tú seas prosperado en todas las cosas, y que tengas salud, así como prospera tu alma" (3 Juan 2).

No puedo entender por qué algunas personas debaten que Dios desee ayudarnos incluso en estas dos áreas, especialmente cuando la sanidad y las finanzas son los dos asuntos más importantes que las personas enfrentan a diario. Con respecto a las finanzas en particular, algunos dicen que el dinero es malo y que hay que mantenerse alejado de él. Pero si usted lo piensa, ¡no puede ni encender una luz sin dinero!

Nunca he oído que el dinero cometa ningún crimen. En cambio, es la gente de corazón equivocado la que comete crímenes con dinero o por causa del dinero. El dinero en sí y por sí mismo no es malo. El dinero es sólo papel y monedas. La Escritura dice que el *amor al dinero* es la raíz de todos los males (1 Timoteo 6:10). Cuando usted mantiene su corazón recto para con Dios y obra para hacer de Él su primer amor y pasión, puede tener dinero y usarlo correctamente.

En la perspectiva correcta, Dios quiere que disfrutemos de la vida y tengamos cosas lindas. Usted tiene derecho a ello si diezma y ofrenda como enseña la Biblia. Sólo nos metemos en problemas con el *amor al dinero* cuando nuestros corazones se vuelven autoindulgentes en el modo de considerarlo y nos olvidamos de Dios. Dios quiere que usted se sienta confiado al pedirle que satisfaga sus necesidades económicas. Él no se ofende si usted lucha por su bendición financiera. Según las Escrituras, Dios dice:

> A los ricos de este mundo, mándales que no sean arrogantes ni pongan su esperanza en las riquezas, que son tan inseguras, sino en Dios, que nos provee de todo en abundancia para que lo disfrutemos. Mándales que hagan el bien, que sean ricos en buenas obras, y generosos, dispuestos a compartir lo que tienen. De este modo atesorarán para sí un seguro caudal para el futuro y obtendrán la vida verdadera.
>
> —1 Timoteo 6:17-19, nvi

Usando estos versículos de la Escritura, permítame mostrarle cinco cosas que Dios dice que podemos hacer con nuestro dinero:

1. Podemos no ser arrogantes con respecto a él (versículo 17).
2. Podemos no poner nuestra confianza en él (versículo 17).
3. Podemos disfrutarlo (versículo 17).
4. Podemos hacer el bien con él y usarlo para las cosas correctas (versículo 18).
5. Podemos ser generosos y estar dispuestos a darlo (versículo 18).

Cuando usted mantiene estas actitudes y principios en perspectiva, puede pedir la bendición económica de Dios con un corazón puro. Siga adelante y pida a Dios, afirmándose en sus promesas, y no deje de insistirle hasta que llegue su respuesta.

Algunas personas siguen sin poder creer que Dios quiera bendecirlas, de modo que nunca pensarían en acercarse a Él como Jacob lo hizo. Pero Jacob, por supuesto, no fue el único ejemplo de persistencia que Dios nos dejó. La Biblia está llena de personas persistentes que no se rindieron fácilmente. Cuando vemos sus ejemplos, se nos hace más fácil a usted y a mí darnos cuenta de que no estamos solos en nuestra búsqueda de disfrutar una vida llena del favor y la bendición de Dios.

Aquí tenemos algunos ejemplos de personas que lucharon y superaron muchos obstáculos para experimentar algo maravilloso de parte del Señor.

- *Zaqueo* se trepó a un sicómoro y fue persistente hasta que logró una visita de Jesús. (Vea Lucas 19:1-10.)

- *La mujer con flujo de sangre* fue persistente para avanzar empujando entre la multitud hasta tocar a Jesús aun cuando estaba débil y enfermiza. (Vea Marcos 5:25-34.)

- *La mujer sirofenicia* fue persistente cuando pidió sanidad para su hija, aun cuando parecía que Jesús no iba a responder a su pedido. (Vea Marcos 7: 24-30.)

- *Las multitudes* fueron persistentes en seguir a Jesús fuera de las ciudades y recibieron sanidad y provisión de comida, aunque Jesús se había apartado para estar solo después de la muerte de Juan el Bautista. (Vea Mateo 14:13-22.)

Descubrí algo con respecto a la persistencia decidida cuando era un preadolescente y decidí tratar de cuidar niños. Mi primer empleo para cuidar niños fue con una madre sola cuyo hijo se llamaba Billy. Cuando su mamá se iba, él se colgaba de mi pierna cada vez que quería algo. Se asía más fuerte que ningún otro niño que hubiera conocido.

Era realmente un "Billy the Kid". No podía quitármelo de encima. Caminaba por la casa, y aun afuera, con este niño aferrado a mi pierna y sentándose sobre mi pie dondequiera que fuera. Intentaba sacarlo, pero todo era en vano. Sólo me miraba, sacaba la lengua, y decía: "No voy a dejarte hasta que me des lo que quiero".

Siempre me ganaba por cansancio. Le daba y le daba lo que quería simplemente para estar un poco tranquilo. Eso es, toda la bolsa de galletitas o caramelos. Le daba lo que fuera. Si yo no cedía, se colgaba de mi pierna toda la noche y me amenazaba con decirle a su mamá que yo lo maltrataba. Este fue mi primer trabajo y no quería que me despidieran. Y este niño estaba muy decidido respecto a lo que quería.

¿Está buscando una bendición de "red" o de "redes"?

Cuando consagremos nuestra vida a Dios, la disfrutaremos más cuando hagamos las cosas de la manera en que Dios dice. De lo contrario, acabaremos frustrados y disgustados con oraciones no contestadas o bendiciones no alcanzadas.

En una ocasión en que Pedro había trabajado toda la noche, la Biblia dice que no había pescado nada. Lucas 5:5 dice que él le informó esto a Jesús diciendo: "Maestro, toda la noche hemos estado trabajando, y nada hemos pescado".

¿Le suena familiar? ¿Usted trabaja todo el día pero parece que nunca sale adelante? ¿Usted ora y parece que nunca recibe una respuesta? La vida puede ser un desafío, y a veces no conseguimos los resultados que deseamos. Pero Jesús le dio a Pedro la única cosa que necesitaba para disfrutar la bendición. La historia completa dice:

> Cuando terminó de hablar, dijo a Simón: Boga mar adentro, y echad vuestras *redes* para pescar. Respondiendo Simón, le dijo: Maestro, toda la noche hemos estado trabajando, y nada hemos pescado; mas en tu palabra echaré la *red*. Y habiéndolo hecho, encerraron gran cantidad de peces, y su red se rompía. Entonces hicieron señas a los compañeros que estaban en la otra barca, para que viniesen a ayudarles; y vinieron, y llenaron ambas barcas, de tal manera que se hundían. Viendo esto Simón Pedro, cayó de rodillas ante Jesús, diciendo: Apártate de mí, Señor, porque soy hombre pecador. Porque por la pesca que habían hecho, el temor se había apoderado de él, y de todos los que estaban con él.
>
> —Lucas 5:4-9, énfasis añadido

Observe lo que Jesús le pidió a Pedro que hiciera. Le dijo que arrojaran sus *redes*, en plural. Pedro respondió diciendo que tiraría la *red*, singular. De modo que Pedro no obedeció completamente lo que Jesús le dijo.

¿Cuántas veces Jesús nos dice que demos —o que le obedezcamos de otra manera— y no hacemos exactamente lo que Él dice? El relato de Lucas 5 nos dice que Pedro recibió una gran multitud de peces. Pero ¿qué hubiera ocurrido si hubiese echado las *redes*, como Jesús le había dicho, en vez de la *red*? Sólo imagine cuántas bendiciones más podría haber recibido.

Por la fatiga y la frustración de una noche de pesca improductiva, Pedro hizo lo mínimo que se requería para lograr una bendición del Señor. Esta es la manera en que muchas veces le respondemos al

Señor. No queremos pelear o luchar, de modo que estamos satisfechos con una bendición parcial en vez de una abundante.

No tenemos que conformarnos con una bendición parcial. Podemos recibir el pleno beneficio que Dios tiene para nosotros. Jacob tampoco deseaba una bendición parcial, sino una que demandaba trabajo, determinación, energía y persistencia en no soltar a Dios hasta que lo bendijera. Estaba dispuesto a persistir, aun cuando hacerlo fuera un desafío para él.

Esto puede resumirse así: cuanto mayor sea el esfuerzo que usted haga para alcanzar a Dios, mayor será la recompensa de bendición que recibirá. ¿Cuánto desea alcanzar de Él? ¡Debe aferrarse a Dios y no dejarlo hasta que su vida sea llena de todo lo que Él tiene para usted!

5

No te dejaré hasta que me liberes

En Dios, cuya palabra alabo, en Dios he confiado, no
temeré. ¿Qué puede hacerme el hombre?... Entonces
mis enemigos retrocederán el día en que yo *te* invoque.
Esto sé: que Dios está a favor mío.

—Salmo 56:4, 9, lbla

USTED PUEDE HACER QUE los poderes demoníacos huyan
aterrorizados. Puede hacer que el diablo tenga terror de
usted por una simple acción. Estos versículos del Salmo 56
nos dicen que hay una cosa que él detesta que usted haga: cuando
clama al Señor con su voz.

Lo último que los demonios quieren oír es su voz clamando a
Dios en oración. Puedo ver a los demonios tapándose los oídos con
las manos y gritando: "¡No, eso no! Están invocando el poder de
Dios". Es esto lo que los paraliza y los obliga a volverse.

No es raro que Satanás quiera distraerlo de orar. La oración es
un arma poderosa contra él. Los espíritus malignos usan toda clase de hostigamiento para tratar de hacer que usted pierda su con-
centración en la oración. Pero cuando usted se impone —cuando
rehúsa soportar el hostigamiento— e invoca al Creador del universo,
Dios pone al diablo cabeza abajo. Él derrota a sus enemigos. Cuando
usted ora, no tiene que dudar de que Dios esté por usted y que esté
peleando a su favor.

Elegir no cesar de insistirle a Dios es una parte esencial de su liberación. Existen muchas situaciones y cosas de las cuales ser liberado,
no todas directamente asociadas con espíritus malignos. Existe, por
supuesto, la liberación real de espíritus demoníacos o de ataduras,

pero también de situaciones perjudiciales o hirientes. No todas estas situaciones tienen que ver directamente con demonios. Por ejemplo, usted puede ser liberado de deudas o de conflictos matrimoniales, que pueden tener que ver poco con los demonios y mucho con elecciones humanas. De todos modos, veremos el poder de Dios en ambas.

A veces, cuando usted comienza a clamar a Dios en oración, puede parecer que no pasa nada. A los hijos de Israel al principio les parecía que Dios los estaba ignorando. Israel había sido esclavo durante cuatrocientos años cuando Dios lo liberó de Egipto. Éxodo 14 registra que durante la salida, Faraón los persiguió, y, por momentos, casi parecía que Dios no iba a hacer nada para ayudarlos. Los carros del Faraón se acercaban más. Probablemente les parecía que no les quedaba tiempo y que era demasiado tarde.

Entonces, en el versículo 15, "Jehová dijo a Moisés: ¿Por qué clamas a mí? Di a los hijos de Israel que marchen". Una vez más Dios estaba tratando de motivar una respuesta de fe de parte de Moisés y los hijos de Israel para poder desplegar su poder libertador. No es que no quisiera oír el clamor de Moisés, porque sabemos que él confiaba en el poder libertador de Dios.

Aquí es donde muchos están en la vida; tienen a "Faraón" detrás de ellos, indudablemente creen en la liberación de parte de Dios, pero no *hacen* nada. Era necesario que Moisés *hiciera* algo, pues, él tenía que *actuar* en el poder de Dios. Aunque parecía que no les quedaban esperanzas, la liberación llegaba cuando alguien se levantaba en la autoridad del poder de Dios.

Rodeado de pandillas

Hace varios años, vi al poder libertador de Dios obrar a mi favor de una manera sobrenatural. Tuve que actuar en el poder de Dios sin tiempo para pensarlo. Recibí una revelación del versículo del Salmo 56:9 que dice: "*Esto sé*, que Dios está a favor mío" (énfasis añadido).

Para ese tiempo, era un joven pastor, y tenía una velada especial para los muchachos en el campus de la iglesia. Esa noche, más tarde, llevamos a todo el grupo afuera para jugar a capturar la bandera. Fue una diversión increíble hasta que comencé a tener el inquietante sentimiento de que algo no andaba bien. Les dije a los otros líderes de jóvenes que terminaran el juego y volvieran adentro enseguida.

Uno de los otros líderes —un oficial de policía que estaba fuera de servicio— me preguntó qué pasaba. Dije que no lo sabía, pero que sí sabía que el Espíritu Santo me estaba advirtiendo algo. Comenzamos a entrar a todos los chicos dentro del edificio cuando escuché el fuerte ritmo del sonido de un estéreo de auto.

Un gran grupo de autos llegó de pronto y llenó el estacionamiento. Al ver los autos, comencé a correr y dije a los demás que se apresuraran y fueran adentro con los muchachos. Luego, comencé a orar en el espíritu. El ruido fue mayor cuando los autos se acercaron a nosotros. Parecían ser cerca de setenta y cinco autos, por supuesto, todo parece más grande cuando usted tiene miedo y está oscuro.

Seguimos acomodando a los chicos en el interior; todos habían entrado. El oficial de policía fuera de servicio había corrido a otro lugar para buscar su placa y su arma. Las tenía consigo porque preveía ir a trabajar unas horas después. Yo corría por el terreno para asegurarme de que todos estuvieran dentro, cuando, antes de que pudiera darme cuenta de lo que sucedía, estuve rodeado por una multitud de pandilleros. ¡Estaban por todas partes!

Entonces uno de los miembros de la pandilla —sospecho que era uno de los líderes— comenzó a caminar hacia mí. Vestía una chaqueta larga, sosteniendo una especie de objeto largo, y dijo algo en un lenguaje extranjero.

Yo estaba paralizado. No podía decir nada. Quería hacerlo, pero ¡nada salía de mi boca! Sintiendo que debía hacer algo para tratar de salvarme, puse en mi rostro una mirada adusta, lo miré fijamente, y levanté el brazo señalando su cara con el dedo, aunque seguía sin poder hablar.

¡Podrían haberme matado ahí mismo! Pero cuando le apunté con el dedo me miró, y sus ojos se agrandaron. Él y los demás comenzaron a retroceder impactados. Hasta el día de hoy no tengo idea de lo que vieron u oyeron, pero todos comenzaron a correr desesperadamente hacia sus autos. Ni siquiera sé qué los hizo correr.

En un esfuerzo por salir de allí de prisa, hasta se dieron algunos topetazos en el estacionamiento. ¡Fue asombroso! Para cuando el oficial fuera de servicio regresó, ya casi se habían ido todos. Ninguno de nosotros podía creer lo que acababa de suceder. Pero sabíamos que Dios nos había librado de ellos.

Siempre me he preguntado qué fue a ciencia cierta lo que los hizo correr, pero estoy convencido de que algo ocurrió cuando lo apunté con el dedo. Recuerdo que lo hice porque sabía que era necesario proceder en el poder del Espíritu. Aunque tenía tanto miedo en ese momento, la autoridad de Dios estuvo sobre mí al hacerlo. Fue lo único que supe hacer en cuestión de un instante. No estaba muy seguro de mí, pero de todos modos me adelanté.

Tal vez Moisés no se sentía demasiado confiado cuando apuntó su vara hacia el Mar Rojo. Pero cuando usted se para delante del Señor y actúa en su poder, Dios se mueve para liberarlo. Hace que esa escritura tenga vida: "¡ESTO SÉ; que Dios está a favor mío!". Sólo *sepa* que Dios está a su favor, y que está allí para liberarlo.

Pienso que el hombre y sus amigos pandilleros no sólo se enfrentaron a la unción liberadora, sino creo que también vieron ángeles de Dios. Dondequiera que Dios liberaba a personas en la Biblia, los ángeles también intervenían; el ángel del Señor, por ejemplo, puso una columna de fuego entre los carros de Faraón y los hijos de Israel (Vea Éxodo 14:19-20.)

Es necesario que tomemos verdadera conciencia como personas de constante oración —que no dejan solo a Dios— de que los ángeles estarán a nuestro alrededor todo el tiempo. Mire el Salmo 34:7: "El ángel del Señor acampa en torno a los que le temen; a su lado está para librarlos" (NVI). Este versículo dice que el ángel del Señor está con las personas que temen a Dios. Las personas que temen a Dios son las que permanecen cerca de Él, lo buscan, y rehúsan dejarlo solo.

Usted debería esperar que los ángeles estén allí cuando necesita ayuda. Están designados para librarlo. En Hebreos 1:14, la Biblia dice que los ángeles de Dios son enviados para ministrarnos, a los que somos herederos de la salvación.

De modo que, ¿cuán bien protegidos estamos? ¿Ha pensado alguna vez en cuántos ángeles hay? Si sus ojos fueran abiertos al reino del espíritu, podría ver que hay muchos más ángeles con nosotros que los demonios que están contra nosotros. Segundo de Reyes 6:15-17 dice: "Y se levantó de mañana y salió el que servía al varón de Dios, y he aquí el ejército que tenía sitiada la ciudad, con gente de a caballo y carros. Entonces, su criado le dijo: ¡Ah, señor mío! ¿Qué haremos? Él le dijo: No tengas miedo, porque más son los que están con nosotros que los que están con ellos. Y oró Eliseo, y dijo: Te ruego, oh Jehová, que abras sus ojos para que vea. Entonces Jehová abrió los ojos del criado, y miró; y he aquí que el monte estaba lleno de gente de a caballo, y de carros de fuego alrededor de Eliseo".

El criado de Eliseo vio que había una verdadera posibilidad de caer en manos enemigas y se llenó de terror, entonces el profeta oró que los ojos del criado fueran abiertos a lo espiritual. Cuando el criado vio en el espíritu, halló que había muchos más ángeles de su lado que los soldados que el enemigo tenía disponibles. Eso se debe a que un tercio de los ángeles cayó con Lucifer, de modo que todavía hay dos tercios de ángeles del cielo que están disponibles para nosotros. ¡Tenemos la mayoría!

Los ángeles obran poderosamente en todos lados para librar a los rectos y a quienes buscan a Dios. Las Escrituras los comparan con el viento y también con el fuego. Esto es importante en el poder de liberación porque el viento está en todas partes. Y el fuego representa el poder de Pentecostés.

El Salmo 104:4 dice: "Haces de los vientos tus mensajeros, y de las llamas de fuego tus servidores" (NVI). Y en Hebreos 1:7: "En cuanto a los ángeles dice: Él hace a sus ángeles vientos, y a sus servidores llamas de fuego" (NVI). Recuerde en Hechos 2:1-4 que tanto el viento como el fuego vinieron en Pentecostés. Los ángeles indudablemente acompañaban al Espíritu Santo en el viento. Entonces eso significa que cuando vino el Espíritu Santo, no vino solo, ¡gloria a Dios!

Creo que estamos a punto de ver una renovada visitación de ángeles en el Cuerpo de Cristo. ¡Estos son ángeles que fueron asignados para nuestra liberación!

Las visiones de ángeles que liberan

En una ocasión, cuando estaba ministrando en el extranjero, llamé a un hombre de la audiencia y comencé a profetizarle. Le dije por una palabra de ciencia que sabía que él era pastor y que un ángel estaba parado detrás de él. El Señor entonces me mostró otro hombre —un oficial del gobierno— que estaba persiguiendo el ministerio de este hombre. Lo que yo no sabía era que este pastor incluso había sido encarcelado a causa de esa persecución. Le dije al pastor que el Señor había enviado este ángel para tratar con la situación, y que todo estaba a punto de cambiar.

Al día siguiente, el pastor anfitrión me dijo que, durante la noche, el oficial del gobierno que estaba detrás de toda la persecución ¡había muerto! Sí, toda la persecución se detuvo después de eso. Gloria a Dios por sus ángeles que nos libran.

Cosas como éstas no deberían sorprendernos. En Hechos 12:20-23, la Biblia dice que Herodes perseguía a la Iglesia, y también fue golpeado por un ángel y murió.

En otra ocasión, estaba orando en una iglesia y tuve una visión. Vi ángeles enormes parados en las puertas del auditorio. Parecían muy serios pero no mostraban emoción. Todos tenían espadas desenvainadas que apuntaban hacia el piso.

De pronto, las puertas de la iglesia se abrieron. Seres malignos que vestían túnicas marrones con capuchas entraron al auditorio, pasando junto a los ángeles con una actitud burlona. Recuerdo que pensé: "¿Por qué esos ángeles no hacen algo?".

Esas personas con aspecto de druidas comenzaron a reír, danzar por los pasillos del auditorio repleto, y a burlarse de los asistentes. Hasta se reían del salón de oración. Cuando uno de ellos señaló el púlpito y se burló de la predicación, pensé: "Señor, esto es horrible. ¿Cómo puede estar ocurriendo?".

Nuevamente, uno de ellos habló en voz alta y, en frente de todos, dijo: "¡Dividiré esta iglesia en un año de muchas maneras!". Entonces se rieron otra vez y salieron de la iglesia danzando.

Después, el Señor me hizo saber que debido a que faltaba oración en la iglesia, los ángeles no podían hacer nada para detener el suceso. Un tiempo después, esa visión ocurrió literalmente cuando hubo personas que realmente dijeron a la iglesia que se irían antes de que los ujieres lograran sacarlas fuera. Durante los años siguientes, la iglesia experimentó divisiones y tuvo un pastor nuevo tras otro.

Me di cuenta, enfáticamente, de que los ángeles están allí para liberarnos. Pero están buscando que también nosotros hagamos algo. Ellos esperan nuestras oraciones y la decisión de afirmarnos en la autoridad de Dios. Por esa razón tenemos que ser persistentes en cuanto a la oración y a las cosas del espíritu. De lo contrario corremos el riesgo de permitir que el enemigo tenga acceso.

CAER Y SER LIBERADO

La historia de los tres muchachos hebreos que hicieron frente a un rey y a toda una nación entregada a la idolatría se encuentra en Daniel 3. Estos tres jóvenes —Sadrac, Mesac y Abednego— resistieron por Dios, y resistieron por su fe en el poder liberador de Dios.

Aunque eran hombres llenos de fe en Dios, pueden haber pensado: "¿Cómo puede estarnos ocurriendo esto? ¿Realmente estamos sentenciados a muerte?". No hablaron en voz alta pero probablemente sus mentes se dieron a considerar la experiencia de morir en un fuego calcinador. Confiadamente habían hecho lo correcto, pero todavía no podían creer lo que estaba a punto de ocurrirle. ¿Iba Dios a permitir que eso sucediera?

En el versículo 15, el rey Nabucodonosor los provocó al decir: "¡No habrá dios capaz de librarlos de mis manos!" (NVI). Seguramente, el Dios Todopoderoso no permitiría que los arrojaran a la muerte sin hacer algo. ¿Iba a detener Dios esta horrible sentencia? Como las cosas seguían su curso, parecía que no.

El rey Nabucodonosor los había sentenciado al horno de fuego porque ellos se rehusaron a adorar un ídolo. Estos héroes decidieron que no iban a traicionar al Señor. Rehusaron postrarse ante el ídolo.

Justo antes de la ejecución, el rey les proporcionó la última oportunidad para unirse a los otros adoradores del ídolo del día. Respondieron con una negativa diciendo:

> He aquí nuestro Dios a quien servimos puede librarnos del horno de fuego ardiendo; y de tu mano, oh rey, nos librará. Y si no, sepas, oh rey, que no serviremos a tus dioses, ni tampoco adoraremos la estatua que has levantado.
>
> —Daniel 3:17-18

"Ante la respuesta de Sadrac, Mesac y Abednego, Nabucodonosor se puso muy furioso y cambió su actitud hacia ellos" (versículo 19, nvi). Sí, su actitud cambió. Estaba enfurecido de que hubieran vuelto a rehusarse a adorar la estatua que él erigió. La versión Reina-Valera 1960 dice que el rey Nabucodonosor estaba tan enojado que "se llenó de ira". Así que ordenó que los jóvenes fueran arrojados al horno encendido, y pidió que el horno se calentara siete veces más que lo normal.

¡Siete veces más caliente! ¿Quién podría escapar de él? ¿Quién podía sobrevivir a él? Daniel 3:22 dice que las llamas ardían tanto que hasta mataron a los soldados que arrojaron a Sadrac, Mesac, y Abednego al fuego. Los versículos 23-25 nos cuentan que cuando cayeron en el horno, el Hijo de Dios apareció en las llamas con ellos. Su caída al piso fue más que el efecto del calor. Fue para nosotros un ejemplo de que su adoración estaba dirigida al lugar correcto.

Cuando la Escritura dice que Sadrac, Mesac y Abednego cayeron el fuego, la palabra "cayeron" en hebreo es la palabra *naphal*. El diccionario hebreo dice que la definición de *nephal* es "caer al piso, caer postrado, postrarse, y yacer postrado". En vez de caer ante una estatua hecha por un hombre como el rey había dicho que lo hicieran, ellos cayeron en medio del fuego ¡ante el Hijo de Dios!

Como continúa el relato, fueron sobrenaturalmente protegidos de las llamas porque no cambiaron sus convicciones, aunque sintieron una increíble presión para que se dieran por vencidos. Su devota adoración a Dios los liberó aun cuando el fuego ardía ¡literalmente!

Fueron liberados tan completamente que después de haber estado en medio de las llamas, "...el fuego no les había causado daño alguno, y que ni uno solo de sus cabellos se había chamuscado; es más su ropa no estaba quemada ¡y ni siquiera olía a humo!" (versículo 27, NVI). Si adoramos en medio de nuestras quemantes pruebas, veremos indudablemente el poder liberador de Dios.

Por esta razón también el diablo tentó a Jesús para que lo adorara. Justo después de que Jesús se bautizó, y fue impulsado por el Espíritu al desierto, "le llevó el diablo a un monte muy alto, y le mostró todos los reinos del mundo y la gloria de ellos, y le dijo: Todo esto te daré, si postrado me adorares" (Mateo 4:8-9).

Satanás quería que Jesús se postrara ante él ¡y así detener el poder liberador del Hijo de Dios!

El diablo quería de Jesús la misma clase de adoración que los jóvenes hebreos le dieron al Hijo de Dios en el horno de fuego. Quería que Jesús se postrara ante él porque esa expresión de adoración habla de una devoción y un compromiso completos. Él sabía que la forma más elevada de adoración era postrarse en el piso.

Esta elevada forma de adoración se describe en Juan 4:23-24. Usa la frase "verdaderos adoradores", lo cual significa postrarse literalmente y besar los pies. Esto era lo que Satanás estaba tratando de conseguir de Jesús, y lo que el rey Nabucodonosor deseaba de Sadrac, Mesac y Abednego.

La razón por la cual este tipo de adoración es reflejado a través de la Escritura es que expresa compromiso. (Vea Nehemías 8:6; Salmo 95:6; Apocalipsis 4:10; 5:14; 7:11; 19:10.) Es una expresión de adoración que no deja solo a Dios y a cambio disfruta de su poder liberador. "Serán luego vueltos atrás mis enemigos, el día en que yo clamare; esto sé, que Dios está por mí" (Salmo 56:9). Nuestra entrega al postrarnos en adoración de todo nuestro corazón clamará al poder liberador del Señor en nuestra situación presente.

Libre de los espíritus carceleros

> Algunos moraban en tinieblas y sombra de muerte, aprisionados en aflicción y en hierros, por cuanto fueron rebeldes a las palabras de Jehová, y aborrecieron el consejo del Altísimo. Por eso quebrantó con el trabajo sus corazones; cayeron y no hubo quien los ayudase. Luego que clamaron a Jehová en su angustia, los libró de sus aflicciones; los sacó de las tinieblas y de la sombra de muerte, y rompió sus prisiones. Alaben la misericordia de Jehová, y sus maravillas para con los hijos de los hombres. Porque quebrantó las puertas de bronce, y desmenuzó los cerrojos de hierro.
>
> —Salmo 107:10-16

Muchas personas están atadas a alguna forma de calabozo en su vida y desean desesperadamente experimentar la liberación. El Salmo 126:1 dice que Dios quiere hacer volver la cautividad, ya esté escondida o sea externa y obvia. Desea ayudarle para que usted sea libre de todo lo que lo ha atado. En la vida de algunas personas existe lo que llamamos "espíritus carceleros" que mantienen a las personas en una celda de derrota, esclavitud, opresión y tormento.

La Biblia describe cuando Pedro estaba en medio de dos soldados —carceleros o guardias— mientras estaba en la cárcel, diciendo: "Y cuando Herodes le iba a sacar, aquella misma noche estaba Pedro durmiendo entre dos soldados, sujeto con dos cadenas, y los guardas delante de la puerta custodiaban la cárcel" (Hechos 12:6). Bien, estos soldados o carceleros eran gente real, pero Satanás tiene "carceleros" que usa para atar a las personas.

Usted podría estar equivocadamente atado a una persona, por supuesto, pero el espíritu carcelero que lo mantiene cautivo también puede ser un hábito pecaminoso, una fortaleza demoníaca, una maldición generacional, o un pecado privado. El diablo asigna estos carceleros o espíritus carceleros a las personas para que parezca que nunca se liberan de la cautividad.

Generalmente, las personas ya saben qué espíritu de prisión les está asignado y a qué hábito pecaminoso están atadas. En el caso de la experiencia natural de Pedro en la prisión, podemos ver metafóricamente dos tipos de cautiverio. Él estaba atado entre dos cadenas; y existen dos clases de cadenas que atan a la gente en el espíritu.

La primera cadena representa el cautiverio interior y oculto que es difícil de ver para otros. La segunda clase de cautiverio es la exterior que todos conocemos. Todos lo que luchan con alguna clase de esclavitud lucharán con una de éstas. Su libertad del espíritu de prisión que quiere mantenerlo atado comienza con la alabanza y la adoración.

Pablo y Silas fueron liberados de la prisión cuando "a medianoche, orando Pablo y Silas, cantaban himnos a Dios; y los presos los oían. Entonces sobrevino de repente un gran terremoto, de tal manera que los cimientos de la cárcel se sacudían; y al instante se abrieron todas las puertas, y las cadenas de todos se soltaron" (Hechos 16: 25-26). Por supuesto, el tiempo más difícil para alabar a Dios es cuando usted siente el dolor de la esclavitud. Siente que es un fracaso e incapaz de escaparse. Pero en la atmósfera de la alabanza hay libertad, porque el acto de adoración coloca a Dios más alto que usted mismo. La adoración exalta al Señor sobre todas las fallas y pecados.

Pablo y Silas alabaron a Dios a la medianoche, en su hora más oscura. Eso significa que alabaron a Dios aunque no tenían ganas de hacerlo. Pablo y Silas nunca habrían sido liberados si no hubieran adorado a Dios a pesar de todo.

No se quedaron atados. En cambio, hicieron exactamente lo mismo que los tres jóvenes hebreos: adoraron. Para Dios, su adoración fue un clamor por liberación y libertad del cautiverio y la esclavitud. Con sólo que las personas cerraran los ojos y comenzaran a entrar en adoración, hay cosas que comenzarían a desprenderse de ellas.

La adoración es una de las mejores maneras de ser liberado y permanecer libre. Otro ejemplo que nos relata la Biblia está en 1 Samuel cuando David adoraba a Dios y los espíritus malignos dejaban al rey Saúl. Fue otra vez en la atmósfera de la adoración que los espíritus malignos huyeron.

Lo mismo sucederá con usted si hace de la adoración un estilo de vida. ¿Cuándo fue la última vez que adoró a Dios en privado y simplemente clamó a Él para ser libre? Usted debe tener como prioridad los momentos de adoración al Señor. Después de haber hecho eso, tiene que decidir no alimentar los espíritus carceleros. Recuerde que son gobernadores de las tinieblas (vea Efesios 6:12). Usted los alimenta al permitirles gobernar a causa de sus elecciones. Cuando usted les da oscuridad, ellos pueden dominarlo.

He aquí un ejemplo gracioso pero verdadero de cómo los demonios toman poder sobre las personas: ¿Ha observado cómo el diablo comenzó siendo sólo una serpiente en el Huerto del Edén? Pero cuando usted llega al libro de Apocalipsis, es un dragón. ¡Alguien tuvo que estar alimentándolo porque creció!

Así que decida vivir una vida limpia y estar orgulloso de ser cristiano. Yo me siento sumamente honrado de ser un ciudadano del cielo, y estoy orgulloso de ser un seguidor de Jesús. Quiero agradarle a Él con mi estilo de vida y con mis elecciones.

Usted puede ser libre de espíritus carceleros. Encontrará la liberación cuando no deje de adorar a Dios y haga elecciones piadosas.

El camino a la cautividad

En Jueces 13-16, leemos la historia de un hombre llamado Sansón, a quien el Señor le dio fuerza sobrenatural para derrotar al enemigo. Dios desea que tengamos este tipo de fuerza en el espíritu para derrotar al diablo. Y que vivamos libres para que nunca la perdamos.

Sansón, que era nazareo desde el vientre de su madre, cumplía el voto de los nazareos: votos de consagración, dedicación y pureza ante el Señor. Un gran problema que tuvo Sansón fue que iba a lugares que daban la impresión de poner en peligro su consagración. (Vea

Jueces 14:1-4.) Esas elecciones lo hicieron moverse de la pureza y la libertad hasta una situación de completa esclavitud.

Su progresión hacia una fortaleza comenzó en la ciudad de Timnat, a la cual las concordancias dan el significado hebreo de una "porción, adjudicación o porción adjudicada". Creo que ése es el lugar donde usted siente convicción acerca de sus elecciones mientras continúa su curso de acción.

Después Sansón fue a Gaza, una ciudad a la que los diccionarios y concordancias dan el significado de "la fuerte". Podemos ver que, por haber ignorado en todas sus formas sus convicciones anteriores y su compromiso, terminó atado a una fortaleza (vea Jueces 16:16-21).

Entonces el camino de la esclavitud fue volviéndose progresivamente peor en la vida de Sansón. Encontrará en Jueces 14:5-9 que comenzó a romper regularmente sus votos y hasta a mentir al respecto. Sabemos que, a la larga, Sansón terminó perdiendo toda su unción ¡porque su compromiso final con una ramera llamada Dalila lo excluyó! Perdió su unción y su fuerza.

Entonces los filisteos, que representan los espíritus demoníacos, lo ataron con cadenas y le sacaron los ojos. Esto es un ejemplo de cómo las fortalezas nos harán vivir en ceguera espiritual.

Sansón hizo algo, a pesar de todo, que dará esperanza a toda persona que haya fallado. Aunque todo parecía perdido, él no se rindió. Aunque le había fallado completamente al Señor, Sansón estaba decidido a tratar y corregir lo que había hecho mal. ¿Sabe que Dios lo honró por eso?

Vemos, en Jueces 16:23-25, que Sansón fue llevado a una fiesta que daban los filisteos para celebrar su captura; ellos querían que estuviera de pie delante de todos para que pudieran reírse de su derrota. Allí es justamente donde el diablo tiene a muchas personas —incluso a algunos cristianos— y se ríe de su derrota, de la condición de su cautiverio, y de su ceguera.

Quise contarle este relato para que usted tenga esperanza de ser liberado hoy. Tal vez en el pasado no eligió lo mejor que Dios tenía para usted, y desearía no haberse comprometido en las decisiones que ha tomado. Pero Jesús lo ama y desea ayudarle a pesar de todo lo que usted haya hecho.

En los versículos 25-26, leemos cómo los filisteos pusieron a Sansón entre dos columnas para burlarse de él. Mientras ellos se reían de Sansón, él le pidió a un jovencito que lo ayudara a inclinarse sobre esas columnas porque quería derribarlas. Creo que esas columnas representan las fortalezas y las ataduras que están en medio de la vida de mucha gente, y también deben ser derribadas.

Por supuesto, conocemos el fin de la historia de Sansón. Cuando empujó las columnas, recibiendo una vez más la fuerza sobrenatural, el edificio se derrumbó y mató a todas las personas que estaban dentro, incluyendo a Sansón. La Biblia, sin embargo, dice que Sansón mató más en su muerte que en su vida. (Vea Jueces 16:27-30.) Dios honró su arrepentimiento y su disposición a intentar reparar su mal proceder anterior.

La lección de Sansón es que no se rindió aunque lo había echado todo a perder terriblemente. Pero rehusó dejar en paz a Dios hasta corregir su error. Para Sansón, ésta fue su liberación. A pesar de lo que lo ate a usted hoy, Dios honrará su arrepentimiento y su decisión de ser liberado. Le ayudará a colocar sus manos en las "columnas" y derribar las fortalezas en su vida.

Un día más con las ranas

Tenemos poder sobre el diablo para echarlo tanto de nuestra vida como de las vidas de los demás. Algunas personas, sin embargo, quieren seguir atadas, y les gustan sus fortalezas demoníacas; sólo les disgusta el dolor y el sufrimiento que produce la esclavitud. En vez de obrar para ser liberados eligen pasar "un día más con las ranas".

Un día más con las ranas viene de la época en que los hijos de Israel eran esclavos en Egipto y el Señor envió la plaga de ranas a Faraón y a la tierra. (Vea Éxodo 8:1-15.) En el versículo 8, Faraón llamó a Moisés y a Aarón y les dijo que dejaría que el pueblo de Israel se fuera si cesaba la plaga de las ranas. "Dime cuándo quieres que ruegue al Señor por ti, por tus funcionarios y por tu pueblo", respondió

Moisés. "Las ranas se quedarán sólo en el Nilo, y tú y tus casas se librarán de ellas."

¿Conoce la respuesta de Faraón?

¡Dijo mañana! No ahora mismo, no tan pronto como puedas, sino ¡mañana!

Él quería otro día más con sus ranas. Y un día más con las ranas es la actitud que muchas personas tienen con respecto a la esclavitud en la que están viviendo. Quieren conservarla aún un poquito más.

El error de Faraón fue que mantener su "esclavitud" un poquito más resultó en la caída del reino. Lo que usted pospone hoy puede ser su caída mañana.

Conocí una pareja que estaba saliendo y, en ese tiempo, asistía a nuestra iglesia, que hizo lo mismo. El Señor me daba sueños en que ellos estaban comprometiendo su vida sexualmente y usando drogas. De modo que los llamé a ambos a mi oficina, porque el Señor no me habría dado los sueños si no quisiera que hiciera algo al respecto. Jesús quiere iglesias locales limpias, donde las personas vivan en pureza.

Al principio, negaron lo que les dije que había visto en sueños, hasta que comencé a darles detalles específicos sobre lo que el Señor me había mostrado. Hasta nombré el lugar donde vi que fueron y lo que hicieron allí.

Inmediatamente, la mujer comenzó a llorar, diciendo: "Usted es un verdadero hombre de Dios, Pastor. Verdaderamente, Dios le está hablando". Ella admitió todo. Pero aunque estaba acorralado, el hombre no se arrepentía ni reconocía la verdad de mis sueños. Les dije que su relación no era saludable y que sería mejor que la terminaran. La mujer, por supuesto, estuvo de acuerdo en que sería lo mejor, pero no estaba segura de poder comprometerse a terminar ya mismo. Ella necesitaba otro día para pensarlo, ¡un día más con las ranas!

Ese otro día terminó costándole. Ella se quedó con este hombre y pagó un alto precio por ello, por no decir más. La vi años después, y ni siquiera la reconocí. Era completamente adicta a las drogas y sufría dolor y abuso. Ése día más de esclavitud, fue destructivo para su vida.

A las ranas se les compara con los demonios en la Escritura. Apocalipsis 16:13-14 dice: "Y vi salir de la boca del dragón, y de la boca de la bestia, y de la boca del falso profeta, tres espíritus inmundos a manera de ranas; pues son espíritus de demonios, que hacen señales, y van a los reyes de la tierra en todo el mundo para reunirlos a la batalla de aquel gran día del Dios Todopoderoso".

¿Usted quiere pasar un día más con las ranas, o va a rehusarse a cesar de insistirle a Dios hasta que la liberación se manifieste? Usted no tiene que vivir con los espíritus carceleros ni con las ranas. Puede ser libre hoy si decide que no va a dejar de insistirle a Dios con respecto a su liberación.

Mi teléfono sonó una noche, tarde. Alguien desde el otro lado de la línea me informó que tenía un amigo encerrado en su sótano y que en este amigo se estaba manifestando un demonio. En ese tiempo, yo ni siquiera era pastor. Sólo era un joven cristiano. Tratando de ayudar a mi amigo, fui a la casa. Llegué a tiempo para escuchar el ruido de los gritos demoníacos abajo. Bajamos por la escalera y vi a un hombre en el piso, moviendo su cabeza para adelante y para atrás. Inmediatamente ordené a esos espíritus malignos que salieran de él. Me llevó unos minutos, pero luego volvió en sí.

Más tarde cuando hablé con el joven, me dijo que sólo quería ser libre. Estaba decidido a ser libre. Por esa causa, los espíritus malignos lo dejaron inmediatamente. ¡Él no quería otro día con las ranas!

DESÁTESE

La Escritura dice en Isaías 52:2: "Sacúdete del polvo; levántate y siéntate, Jerusalén; suelta las ataduras de tu cuello, cautiva hija de Sion". Quizás ha estado pensando que no hay esperanza para usted. A pesar de lo que está enfrentando, usted puede ser libre. Niéguese a dejar de insistirle a Dios con respecto a su liberación. Levántese, sacúdase, y decida que esto es lo que quiere. La oscuridad no puede morar con la luz. Los demonios odian la rectitud, y el poder de la unción de Dios rompe todo yugo y deshace toda pesada carga de su vida.

> Acontecerá en aquel tiempo que su carga será quitada de tu hombro, y su yugo de tu cerviz, y el yugo se pudrirá a causa de la unción.
>
> —Isaías 10:27

Siempre animo a las personas de nuestra iglesia a venir a cada reunión e incluso traer otras personas que necesiten ayuda. Así era en las reuniones de los tiempos de Jesús, y es de la misma manera hoy en día: donde está su poder, la gente es liberada.

Si usted sigue los siguientes sencillos principios, puede disfrutar una vida con las promesas de Dios y ver cómo se derrumban las fortalezas del diablo en su vida. Estas cosas le ayudarán a centrarse en el blanco y a colocar sus manos sobre las columnas de la libertad.

- Niéguese a cesar de insistirle a Dios (Jeremías 33:3).
- Use la Palabra de Dios y el nombre de Jesús (Mateo 8:16).
- Crea siempre que el Señor quiere que usted sea libre.
- Resista (Efesios 6:13).
- Rehúse darse por vencido con respecto a su liberación (2 Timoteo 4:7).
- Permanezca en una iglesia con un pastor ungido que le ayude.

Jesús quiere que usted sea libre. Juan 8:36 dice: "Si el Hijo os libertare, seréis verdaderamente libres". Dios ha estado esperando para liberarlo; niéguese a soltarlo. Él no lo está ignorando ni rehúsa liberarlo: Él quiere ayudarlo. Está esperando que usted clame, ponga sus manos en las columnas como Sansón, y se postre y lo adore como los tres muchachos hebreos. El resultado será que sus enemigos retrocederán y usted será libre.

¿Por qué? ¡Porque Dios está a favor suyo, es fiel, y lo quiere liberar!

6

No te dejaré hasta que tu poder venga

Y aconteció que yendo ellos y hablando, he aquí un carro de fuego con caballos de fuego apartó a los dos; y Elías subió al cielo en un torbellino. Viéndolo Eliseo, clamaba: ¡Padre mío, padre mío, carro de Israel y su gente de a caballo! Y nunca más le vio; y tomando sus vestidos, los rompió en dos partes. Alzó luego el manto de Elías que se le había caído, y volvió y se paró a la orilla del Jordán. Y tomando el manto de Elías que se le había caído, golpeó las aguas, y dijo: ¿Dónde está Jehová, el Dios de Elías? Y así que hubo golpeado del mismo modo las aguas, se apartaron a uno y a otro lado, y pasó Eliseo.

—2 Reyes 2:11-14

"¿Dónde está el Dios de Elías?" Ésta fue la invocación de un hijo llamado Eliseo, que amaba profundamente a Elías, su padre espiritual. En 2 Reyes 2, encontramos una impactante historia de filiación espiritual y del amor que Eliseo tenía por Elías y por el Dios al cual servía.

Elías se preparaba para dejar la tierra, y trajo a este profeta, de quien había sido mentor, desde la ciudad de Gilgal, y le dijo algo inusual: "Quédate aquí, pues el Señor me ha enviado a Betel. Pero Eliseo le respondió: Tan cierto como que el Señor y tú viven, te juro que no te dejaré solo. Así que fueron juntos a Betel" (versículo 2, NVI). En otras palabras, Eliseo dijo: "Escucha, mientras vivas, no voy a dejarte. De modo que voy contigo a Betel". Esta misma escena se repite tres veces más, y cada vez Eliseo se rehúsa a dejar al varón de Dios.

¿Por qué parecía que el profeta Elías estuviera tratando de hacer que su hijo espiritual desistiera de seguirlo? Parece una reacción muy rara para alguien que está a punto de partir. Naturalmente, si yo hubiera sido Elías, podría imaginarme a mí mismo sentado con mi sucesor tratando de darle todas las palabras de sabiduría de última hora necesarias para ayudarle a llevar a cabo sus tareas futuras. Sin embargo, aquí está Elías, actuando como si tratara de deshacerse de él.

Sin tener en cuenta cuántas veces Elías lo intentara, Eliseo no iba a darse por vencido. Parecía que Elías quería estar solo. Pero cada vez que Eliseo se rehusaba a irse, su padre espiritual y mentor, Elías, cedía ante él. Es como si estuviera buscando algo.

¿Realmente quería que Eliseo se fuera? ¡No! Sin duda, estaba probando la resolución y la responsabilidad de Eliseo; estaba tratando de provocar una respuesta. Si Eliseo demostraba que estaba verdaderamente comprometido con su padre espiritual, entonces también demostraría que apreciaba la unción y el ministerio que estaba a punto de heredar. Si él lo seguía y lo amaba, también amaría el manto de poder que estaba a punto de pasar a él. De lo contrario, quizás sólo habría deseado el poder para sus propios propósitos.

Una vez que el nivel de hambre de Eliseo fue evidente, Elías partió en un torbellino. Esto es, cuando Eliseo estuvo listo para recibir el manto de unción de su padre espiritual. Estaba en condiciones de recibir la bendición porque se había rehusado a dejar solo a Elías. Esto era aquello por lo cual clamaba, y lo que tanto había amado de su mentor: ¡él llevaba el poder de Dios!

Significaba mucho para su corazón abrazar la misma clase de unción. Usted casi puede sentir su emoción cuando su padre espiritual fue transportado. Mientras miraba irse a Elías, Eliseo gritaba: "¡Padre, mío, padre mío!..." (versículo 12). Había estado muy resuelto a seguir a este hombre, aunque él tratara de desanimarlo. Ahora, en el momento final, desesperado, se extendió hacia su padre y clamó, mientras Elías lo dejaba por última vez.

Una vez que Elías se fue, todo cuanto quedó fue la capa que había estado usando, su manto, el símbolo mismo del Dios que lo había ungido. Eliseo deseaba que Dios estuviera en la capa del mismo modo que estaba cuando Elías la usaba. Deseaba que Dios reposara sobre él de la manera en que lo había hecho sobre su mentor para poder ser como el hombre que amó.

Es un momento conmovedor cuando vemos cómo este profeta abrazó su nueva responsabilidad y levantó el manto de Elías. Tan pronto como lo tocó clamó desde su alma: "¿Dónde está el Señor, el Dios de Elías?" (versículo 14, NVI). Quizás pensó: "Oh, si Dios estuviera aquí de la misma manera que estuvo para Elías". Lo que no sabía era que su negativa a dejar a su padre dio como resultado que él fuera vestido con el mismo poder. Había perseguido a su padre y ahora había recibido su misma unción poderosa.

Eliseo no dejó a Elías hasta que hubo recibido el poder que había estado sobre su vida. Tenemos que preguntarnos sinceramente, ¿qué estamos dispuestos a hacer para caminar en el poder de Dios? Es nuestra negativa, como hijos e hijas de Dios, a dejar solo a nuestro Padre, lo que contiene la clave para el poder en nuestra vida. La negativa de Eliseo depositó en su vida los ingredientes necesarios, capacitándolo para ocupar un puesto tan grande y continuar un ministerio poderoso.

Durante el tiempo en que siguió a Elías, en 2 Reyes 2:1-7, Eliseo fue a cuatro lugares: Gilgal, Betel, Jericó y el Jordán. Cada una de estas ciudades representaba una prueba diferente de su corazón y su responsabilidad, determinando su capacidad para caminar en ese poder. Era necesario que aprobara cada prueba, lo cual lo haría la clase de hombre que no se rendiría hasta que el poder milagroso de Dios se manifestara en cada situación.

Mientras estudiamos el resto de este capítulo, veremos cuán importantes son las pruebas para hacer *de nosotros* hombres y mujeres que no dejaremos solo a Dios hasta que caminemos en su poder. Dios está buscando hacer en las personas algo para que no dejen de seguirlo hasta que su poder venga.

Ir al hospital y acunar al bebé en su silla

Todos nosotros debemos llegar a un lugar donde, como Eliseo, tenemos que decidir si estaremos consagrados a ver el poder de Dios. A veces, es más fácil limitarnos a dejar de seguir a Dios cuando las cosas se ponen difíciles o parece que Dios no nos responde. A Eliseo puede haberle parecido que el poder de Dios se iba en el torbellino, pero sólo necesitaba asirse firmemente de él.

Él había sido preparado para eso. Había pasado las pruebas. Ahora sólo tenía que usar esa determinación para caminar él mismo en ella. Eso es lo que también nosotros tenemos que decidir: si estamos decididos a caminar en el poder de Dios por nosotros mismos.

Para dar un ejemplo de esto: atravesaba una situación con una familia de nuestra iglesia que acababa de tener una niñita. Los médicos informaban que el recuento de las plaquetas de la niña era sumamente bajo. Incluso los preocupaba si esta recién nacida iba a vivir. Necesitaban un milagro. Se le diagnosticó una enfermedad incurable que atacaba el hígado y la sangre. Le fallaba el hígado, y los médicos eran muy pesimistas, diciendo que tenía solamente un 11 por ciento de oportunidades de vivir.

Como iglesia, nos levantamos a orar, pero las cosas seguían empeorando. Durante días vimos muy pocos resultados. Quizás así es como se sentía Eliseo cuando no estaba seguro de que el poder de Dios estuviera allí para él, de la manera en que había estado para Elías. Parecía que Dios nos ignoraba mientras esta niñita yacía en la incubadora casi sin vida. A pesar del panorama, seguimos declarando las promesas de sanidad de Dios.

Por fin, en mi interior, decidí que esto no estaba bien. Dios iba a hacer un milagro, ¡y no lo obtendríamos de ninguna otra manera! Me decidí, y los padres de la niña y los demás se decidieron conmigo. Simplemente hubo algo que surgió en nosotros y puso a un lado el temor anterior y el impacto de la situación.

El domingo siguiente por la mañana, oí al Espíritu Santo que me hablaba y decía: "Hank, ve y acuna esa bebé en la silla".

Sabía que era el Señor, así que llamé a los padres, e inmediatamente dispuse todo para poder acunar a la pequeña. Sentí en mi corazón que algo había cambiado en el espíritu. Camino al hospital, di gracias al Señor por su poder. Iba a ser nada menos que el poder de Dios.

En el hospital, acuné a esa bebé bajo la unción. Esta vez pude sentir el poder de Dios. Ni siquiera recuerdo haber orado nada especial. Sólo dije: "Señor, tú has sanado a esta bebé, ahora deja que tu poder se manifieste".

Milagrosamente, al día siguiente los médicos se asombraron ante el recuento de plaquetas y los cambios significativos en ella. De pronto comenzó a mejorar, y hoy es una niñita adorable y saludable que está llena de la vida de Dios.

¿Qué hizo la diferencia? Creo que decidimos que *teníamos que tener* el poder de Dios, pues íbamos a buscarlo y a encontrarlo. Así como Eliseo rehusó dejar solo a su padre espiritual hasta que viniera su poder, nosotros rehusamos dejar solo a nuestro Padre celestial hasta que *su* poder viniera. Y, ¡gloria a Dios, lo hizo!

Desde los cuatro lugares de prueba hacia el poder de Dios

También como Eliseo, nuestra decisión por el poder sanador de Dios para esta bebé se forjó con cuatro ingredientes, la columna vertebral por la cual pudimos esperar el poder de Dios. En 2 Reyes 2, cuando Eliseo siguió a Elías desde Gilgal hasta el Jordán, algo se fue formando gradualmente dentro de él. Estaba pasando por cuatro lugares de prueba donde, en cada lugar al que iba, se iba convirtiendo en un hombre que siempre sabría como aferrarse al poder de Dios y no dejarlo nunca.

Gilgal

Gilgal fue el primer lugar de prueba para Eliseo durante los últimos días que estuvo con Elías. Posiblemente, este haya sido el primer lugar al que viajaron, pero la Biblia sólo registra que salieron de allí.

Gilgal representa, sin embargo, el "lugar de los nuevos comienzos" en la vida del creyente hambriento. La palabra *Gilgal* realmente significa "el rodillo o un lugar alejado". Es la imagen de la conversión total. El fruto de nuestra vida cuando hemos cruzado por Gilgal debería ser que estemos consagrados a Dios y a sus caminos. Gilgal cumplirá varias cosas en nuestra vida:

1. *Se establece el Reino de Dios.* Gilgal es el primer lugar donde establecemos el Reino de Dios para nosotros mismos. Se refiere a que el gobierno de Dios toma el control de nuestra vida. Es el lugar donde nos comprometemos. Eliseo tuvo que establecerse en Gilgal para mostrar que estaba sometido y comprometido. Cuando Israel entró por primera vez a la Tierra Prometida en Gilgal, inmediatamente levantaron doce piedras que representaban el gobierno del Reino de Dios establecido en ellos. (Vea Josué 4:20.)

2. *Se quita lo viejo para preparar lo nuevo.* Gilgal es el lugar donde cortamos nuestros hábitos carnales que nos impiden tener el poder de Dios. Eliseo también tuvo que mostrar que podía disciplinar su carne. Cuando Israel llegó a Gilgal, el Señor le dijo a Josué que circuncidara al pueblo por segunda vez (Josué 5:2). En la circuncisión espiritual del corazón, quitamos las áreas carnales para llegar a ser como Jesús.

3. *Se quita la influencia del pasado.* Josué 5:9 dice que Gilgal fue el lugar donde Dios quitó de Israel los efectos de Egipto. Eliseo también pasó por Gilgal para mostrar que no era retenido ni intimidado por el pasado, sino que se movía siempre hacia delante. Cuando Dios quita nuestro oprobio, el pasado ya no nos detiene más.

4. *Se requiere más responsabilidad espiritual.* Gilgal es también el lugar de responsabilidad personal para crecer espiritualmente. Eliseo tenía que mostrarse responsable para seguir a Elías. Para Israel, Gilgal fue el lugar donde

cesó el maná del cielo enviado por Dios (Josué 5:10-12). Dios les estaba haciendo asumir responsabilidades. Ya no habría más una dádiva celestial cada día; tenían que crecer y buscar que Dios los bendijera de nuevas maneras.

Betel

Después de Gilgal, Eliseo tenía que entrar en Betel. Betel era el lugar de la oración. El nombre *Betel* en hebreo significa "casa de Dios". Fue aquí donde Abram tuvo un encuentro con Dios y construyó un altar, y también fue aquí donde Jacob tuvo una visión de la presencia de Dios con la escalera que llegaba hasta el cielo. Betel es el lugar donde desarrollamos nuestra vida de oración y nuestro lugar en el Cuerpo de Cristo. Betel realizará varias cosas en nuestra vida:

1. *Una conexión con la iglesia.* Betel representa la casa de Dios que somos nosotros, la iglesia. También habla de la propia iglesia local. Betel es el lugar donde nos desarrollamos para convertirnos en miembros sólidos del pueblo de Dios. Primera Timoteo 3:15 dice: "...para que...sepas cómo hay que portarse en la casa de Dios, que es la iglesia del Dios viviente, columna y fundamento de la verdad" (NVI). Eliseo tuvo que pasar por la experiencia de Betel para poder ser un hombre estable a quien pudiera confiársele el manto. También en la iglesia de Antioquía, los apóstoles recibían entrenamiento para poder representar apropiadamente al evangelio (vea Hechos 13:1). Betel nos ayuda a convertirnos en personas que pueden actuar rectamente en el pueblo de Dios y ser una columna de apoyo en la iglesia.

2. *Una revelación y experiencia personal.* Cuando Eliseo pasó por Betel, también fue para que pudiera tener su propia experiencia personal con Dios. No era suficiente depender de la experiencia de Elías. Betel desarrollará en usted una revelación personal y el caminar con Dios. Jacob también experimentó Betel. Génesis 28:16,19 dice: "Al despertar Jacob de su sueño, pensó: 'En realidad, el Señor está en

este lugar, y yo no me había dado cuenta.' ... y le cambió el nombre y le puso Betel" (NVI).

3. *Una consagrada vida de oración.* Betel es la que desarrolla en usted un estilo de vida que no podrá vivir sin oración. Si Eliseo iba a ser el profeta de Dios, necesitaba comprometerse a orar. Sin oración, usted no tendrá el poder o el combustible que necesita para hacer lo que Dios se ha propuesto en su vida. Betel es su lugar de oración.

Deseo compartir algunas cosas adicionales acerca de Betel, porque es un lugar muy significativo para tener una experiencia con Dios. Estoy tan agradecido de que Dios me llevara a través de muchas experiencias en Betel porque fue lo que me preparó para el ministerio. A través de eso, Dios me hizo madurar para ser una bendición en el Reino de Dios. Me encanta Betel porque además desarrolla en usted la capacidad de confiar en Dios cuando no hay nadie, sino usted y Él. Esa clase de relación lo prepara para Jericó como ninguna otra cosa, porque cuando usted tiene que enfrentar una prueba, el rostro del Señor es su fuerza sustentadora.

Eliseo iba a tener que afrontar algunas batallas solo, sin depender de nadie más que de Dios. Sin la experiencia de Betel, no habría tenido esa confianza. Betel es una experiencia personal de madurez, dependencia de Dios, y oración.

Jericó

Después Eliseo tuvo que venir a Jericó. Este fue el lugar de la batalla donde Dios por primera vez dio la victoria a Israel en la tierra de Canaán. Fue donde los intimidantes muros de resistencia fueron derribados y se dio la victoria al pueblo. Y es un importante lugar donde aprendemos a caminar en el poder de Dios.

Si Eliseo iba a andar en el poder de Dios, tendría que saber cómo lidiar con la resistencia. Jericó es donde confrontamos los poderes de las tinieblas y nos volvemos fuertes en el espíritu. Es el lugar de la batalla, la victoria y el poder manifiesto de Dios. Jericó realizará varias cosas en nosotros:

1. *Nos desarrolla un espíritu vencedor.* David pudo derrotar a Goliat porque antes el Señor le había enseñado a pelear derrotando al león y al oso. El león y el oso representan las batallas tanto exteriores como interiores que enfrentamos. Dios nos requerirá que permanezcamos en Jericó para desarrollar un espíritu vencedor para derrotar al enemigo. Cuando David recibió la revelación de que podría derrotar tanto al león como al oso, no dudó en enfrentar a Goliat. Se transformó en un confiado vencedor sin importar cuál fuera el desafío.

2. *Nos libera.* Para cumplir los propósitos que Dios tiene para nosotros, es necesario que seamos liberados de las tinieblas. Los osos nos hablan de batallas internas ya que los osos se alimentan, hibernan, y luego salen de su escondite en la estación siguiente. Esta vez están más hambrientos que antes y andan buscando otra vez algo que los llene. Aunque parece que se han ido por una temporada, de pronto reaparecen. Recuerde, reprimir algo en su vida no es genuina liberación. Necesitamos experimentar Jericó para ser verdaderamente liberados del oso y vencer los espíritus malignos que nos atan.

3. *Nos enseña sobre el poder de Dios.* Los leones son las obvias batallas externas que enfrentamos. Vienen de repente para consumirnos. (Vea 1 Pedro 5:8.) Cuando usted aprende a empuñar sus armas espirituales y levantarse para rechazar los ataques externos de su vida, aprende a caminar en el poder de Dios. A los leones les gusta rugir contra usted para hacerlo sentir impotente. Pero una vez que usted aprende a operar en la unción para derrotar al enemigo, el diablo no lo puede destruir.

El Jordán

El Jordán es el lugar de cruce. Es donde usted entra a su herencia celestial de la misma manera que lo hizo Eliseo cuando levantó el manto de Elías y partió el Jordán. Es el lugar donde usted por fin cruza y camina en el propósito de Dios para su vida. No era suficiente que Eliseo se quedara en el lugar donde vio irse a Elías; tenía que entrar al nuevo lugar que Dios tenía para él. Tenía que cruzar el Jordán y seguir adelante.

El Jordán nos habla de moverse siempre, de progresar siempre. Cuando sea el momento de atravesar el Jordán, usted lo sabrá porque el manto caerá sobre usted. Dios usará personas y líderes para darle un manto para llevar a través de su Jordán. Eliseo no cruzó el Jordán hasta que vino desde otro lugar y recibió la unción al seguir el ejemplo de otro. Por fe, usted puede pasar su Jordán hoy en día. Simplemente use las muchas herramientas que Dios puso en usted, levante el manto, y muévase en su bendición divina. Requiere una elección, pero allí usted siempre encontrará la bendición de Dios.

En nuestra vida Dios el Padre nos traerá continuamente a ciertos lugares como Gilgal, Betel, Jericó y el Jordán, para posicionarnos para su poder. Si usted está continuamente dispuesto a pasar por ellos, estará preparado para experimentar el poder sobrenatural de Dios.

Sí, como Eliseo, requiere compromiso permanecer en los lugares de prueba. Sus cuatro lugares de prueba produjeron portentosos milagros en su vida, y creo que estas experiencias producirán lo mismo para usted hoy. La clave era que él tenía que decidir si iba a dejar a Elías o no, aunque parecía que él tenía todas las razones para volver atrás. Nada lo detuvo de seguir a su padre espiritual a los cuatro lugares de prueba. ¡No dejó de seguirlo hasta que recibió el poder!

¿Qué podría ocurrir si siguiéramos a nuestro Padre celestial de esa manera? ¿Qué podría suceder si permitiéramos que el Espíritu Santo nos llevara a los cuatro lugares de prueba y los aceptáramos sin reservas en vez de volver atrás amedrentados? Creo que el resultado sería que veríamos los milagros, la gloria y el poder de Dios obrando en nuestras vidas. No deje solo a Dios, ¡persígalo hasta que su poder venga!

Doce bendiciones por perseguir al Padre

Una vez que Eliseo pasó por los lugares de prueba, comenzó a realizar algunos de los milagros más increíbles registrados en la Biblia. Este es el poder que se recibe cuando no dejamos solo a Dios. Aquí tenemos doce de los milagros de Eliseo que creo son similares a lo que Dios quiere que experimentemos cuando lo seguimos:

1. *El río Jordán partido* (2 Reyes 2:14-15). Cruzará hacia su herencia, su sueño de experimentar el poder de Dios. Usted será una prueba viviente de la unción de Dios.

2. *La sal y el río* (2 Reyes 2:19-22). El agua era mala, y Eliseo echó sal al agua para sanarla. Usted tendrá poder para sanar lo que está maldito.

3. *Los muchachos y los dos osos* (2 Reyes 2:23-24). Los muchachos hablaron contra el profeta Eliseo y él declaró una maldición sobre ellos con sus palabras. Aunque este milagro de Eliseo produjo un horrible final, también revela el poder de profetizar con nuestras palabras y ver que ocurren.

4. *El valle de los estanques* (2 Reyes 3:11,16, 21-23). Las personas buscaban que Eliseo hiciera un milagro. Los estanques se llenarían de agua, sin viento o lluvia que los llenara. Cuando parece que usted está estancado o en la rutina, Dios le dará sobrenaturalmente una salida.

5. *El aceite que se multiplicó* (2 Reyes 4:1-7). Una viuda debía dinero a sus acreedores y no podía pagar la deuda. Vino a Eliseo, quien le dijo que pidiera prestadas tantas vasijas como fuera posible; y el aceite se multiplicó en ellas. Este también será el resultado para nosotros: el aceite del Espíritu de Dios reposará sobre nosotros, y será una provisión continua. Nuestras necesidades serán satisfechas en abundancia.

6. *La mujer estéril que recibió un hijo* (2 Reyes 4.8-17). Eliseo profetizó que una mujer estéril tendría un hijo. Cuando

buscamos a nuestro Padre celestial, profetizaremos cosas que después sucederán; las cosas estériles darán fruto.

7. *Un hijo muerto fue resucitado* (2 Reyes 4:32-37). La mujer estéril tuvo un hijo, pero más tarde el niño murió. La mujer vino a Eliseo que creía que todo seguía bien. Eliseo, con el poder de Dios, volvió al niño a la vida. El poder de Dios sobre su vida hará que las cosas muertas resuciten para usted y para los demás.

8. *El veneno en la olla* (2 Reyes 4:38-41). Eliseo echó harina en una olla de potaje envenenado, y el veneno se neutralizó. El poder de Dios en usted hará que resulten inefectivas las cosas que el enemigo usa para envenenar nuestra vida y la vida de los demás.

9 *Una cabeza de hacha restituida* (2 Reyes 6:1-7). El hierro de un hacha se separó del mango cuando los hijos de los profetas estaban cortando leña, y cayó en el río. Eliseo, con el poder de Dios, hizo que el hierro flotara y lo volvió a conectar. Dios nos colocará en posición de avanzada con respecto a lo que Él desea construir en otros, en su iglesia y en nosotros.

10. *Abre los ojos de su siervo para que vea en el espíritu* (2 Reyes 6:15-17). Cuando Israel estaba rodeado por un gran ejército, Eliseo hizo que los ojos de su siervo fueran abiertos en el espíritu para que pudiera ver que estaban protegidos por un ejército celestial mayor que el del enemigo. Dios nos ayudará a ver profética y sobrenaturalmente para que podamos ganar batallas para Él.

11. *El profeta, el rey y la flecha* (2 Reyes 13:14-19). Eliseo puso sus manos y las manos del rey de Israel juntas y le dijo que golpeara el piso con una flecha. El número de veces que el rey golpeara la tierra determinaría la victoria del Señor contra el enemigo. El Señor nos ungirá para ganar completamente las batallas; no sólo algo de la batalla, sino la victoria total.

12. *Los huesos muertos y el hombre muerto* (2 Reyes 13:20-21).
Eliseo había muerto y cuando fue enterrado la unción seguía
en sus huesos. Cuando arrojaron un cadáver a la misma
tumba que Eliseo, el hombre volvió a la vida. Dios nos va a
ungir para que podamos impartir de manera sobrenatural el
poder de Dios a las futuras generaciones.

Tan cierto como que el Señor y tú viven

En cada lugar de prueba, el pedido de Elías a Eliseo era: "Espera
aquí, mientras me voy sin ti". Él no quería dejar a Eliseo; era una
prueba para provocar una reacción y revelar el corazón de Eliseo.

Ahora, aunque el ejemplo de Elías y Eliseo es una imagen de
Dios y de nuestra respuesta a Él, también podemos ver a otros de
quienes Dios esperó una respuesta. Lo vimos en Moisés, y podemos
verlo además en los hijos de Israel. Dios probó sus corazones en el
desierto. Deuteronomio 8:2 dice: "Y te acordarás de todo el camino por donde te ha traído Jehová tu Dios estos cuarenta años en el
desierto, para afligirte, para probarte, para saber lo que había en tu
corazón, si habías de guardar o no sus mandamientos".

El Señor dijo literalmente que los probaba y los afligía para ver
lo que había en sus corazones. ¿Cuál sería su respuesta? De manera
similar a como Elías seguía echando a un lado a Eliseo, parecía que
Dios iba a dejarlos morir en el desierto y que ignoraba sus aprietos.
La única verdad era que el Señor estaba esperando para ver lo que
harían. Elías esperaba para ver qué haría Eliseo, y hoy en día Dios
espera para ver lo que nosotros haremos.

Podría parecerle que Dios estuviera en algún sitio lejano, sin
interesarse por su situación actual. ¡No es así! Él está esperando. Así
como Elías con su hijo espiritual, Eliseo, Dios sólo quiere ver que
usted lo siga y no se rinda. Él quiere oír a su pueblo —quiere oírlo a
usted— decir: "¡Tan cierto como que el Señor y tú viven, te juro que
no te dejaré solo!" (NVI).

Mateo 12:34 dice: "De la abundancia del corazón habla la boca". Podemos determinar lo que piensa o siente una persona en su corazón por lo que sale de su boca. Los hijos de Israel se quejaban en el desierto cuando fueron probados. Sus corazones sólo hablaban lo que ellos realmente sentían. Por otro lado, la actitud del corazón y la respuesta verbal de Eliseo, el hijo espiritual, fue: "¡Tan cierto como que el Señor y tú viven, te juro que no te dejaré solo!" (2 Reyes 2:6, NVI). En otras palabras: "Puede parecer que tú no estás aquí, Dios, o que no estás oyendo mi oración. Pero toma nota. Me rehúso a dejarte solo. Te seguiré adondequiera que vayas".

La oración en privado produce poder en público

Una vez que resolvemos que, cualesquiera sean las circunstancias, seguiremos a Dios, tenemos que mantenernos en oración según Él nos guíe a través de los lugares de prueba. De lo contrario, nunca perseveraremos en ella y, por último, nunca disfrutaremos del poder milagroso que Dios tiene para nosotros. La oración en privado siempre producirá poder en público en nuestra vida.

Era así como sucedía en la vida de Jesús. Usted lee cómo, muchas veces, Él oraba todo el día o toda la noche, a solas con Dios. Finalizaba la oración e inmediatamente el poder de Dios se manifestaba. Como resultado, las personas eran sanadas, liberadas y bendecidas. Mire cómo su vida privada de oración se manifestaba en su poder en público.

- *Jesús oró:* "Mas él se apartaba a lugares desiertos, y oraba" (Lucas 5:16).

- *El resultado:* "Y sucedió que unos hombres que traían en un lecho a un hombre que estaba paralítico, procuraban llevarlo adentro y ponerle delante de él. Pero no hallando cómo hacerlo a causa de la multitud, subieron encima de la casa, y por el tejado le bajaron con el lecho, poniéndole en medio, delante de Jesús" (Lucas 5:18-19).

- *Jesús oró:* "En aquellos días él fue al monte a orar, y pasó la noche orando a Dios" (Lucas 6:12).

- *El resultado:* "Y los que habían sido atormentados de espíritus inmundos eran sanados. Y toda la gente procuraba tocarle, porque poder salía de él y sanaba a todos" (Lucas 6:18-19).

La oración es el arma secreta de poder. Por eso, muchas veces, antes de que Jesús realice un milagro, usted lo ve pasar tiempo en oración. En una ocasión mientras predicaba en una conferencia, había miles de personas en el auditorio, y algunos comentaban que el poder de Dios era muy fuerte. De hecho, hasta los ujieres caían en los pasillos bajo el poder de Dios, y las personas, por sectores enteros, caían y temblaban con la unción. Muchos decían que nunca habían sentido un poder así. Recordé que había pasado tiempo adicional ayunando y orando antes de esa conferencia. De modo que cuando salí hacia el público, el poder de Dios impactó.

¿Por qué? ¡Todo fue a causa de la oración!

Cada vez que Jesús o los apóstoles salían para estar a solas con Dios, más tarde se los veía operar con tremendo poder. Jesús incluso nos dijo: "Mas tú, cuando ores, entra en tu aposento, y cerrada la puerta, ora a tu Padre que está en secreto; y tu Padre que ve en lo secreto te recompensará en público" (Mateo 6:6). En otras palabras, Él está diciendo que cuando tomamos tiempo para no dejar solo a Dios, y ponemos todo lo demás en espera, habrá una amplia recompensa por hacerlo. Él nos recompensará con su poder sobrenatural. Veremos su poder manifiesto así como también muchas otras maravillosas bendiciones. La oración en privado produce resultados en público.

Podemos ver nuevamente este principio en Lucas 4, cuando Jesús es llevado al desierto para ser tentado por el diablo. Él había pasado tiempo a solas con Dios, así que cuando más tarde fue tentado, su vida privada de oración le enseñó cómo vencer al diablo y a la tentación. Como resultado, después salió del desierto con poder: "Y

Jesús volvió en el poder del Espíritu a Galilea, y se difundió su fama por toda la tierra de alrededor" (Lucas 4:14).

Encuentro que el tiempo a solas con Dios, y el quitar toda distracción, es la clave para la manifestación del poder de Dios en mi vida. Tener su propio tiempo y lugar privado es importante. He tenido toda clase de "gabinetes de oración" que usted pueda imaginar. He orado en campos, bosques, garajes, carpas, cabinas de madera y hasta pequeños cobertizos, por nombrar algunos. También he orado en mi auto y, a veces, al levantar la vista y me di cuenta de que la gente me miraba de manera extraña cuando oraba. Si le ocurre eso, actúe como si estuviera hablando por el celular; nunca sabrán que tiene a Dios en la línea. Estoy decidido a que, sin importar qué, voy a seguir buscándolo en un lugar de oración para poder ser usado en su poder.

Posicionarse para el poder por medio de la oración también demanda obediencia y requiere sacrificio. Primera de Reyes 18:25-29 dice que hay cuatro cosas que los profetas de Baal hacían para tratar de conseguir una respuesta de su dios. Pero sus esfuerzos no produjeron poder. Aunque adoraban a un dios falso, su ejemplo describe un cuadro de por qué muchos cristianos no tienen poder, aunque sirven al verdadero Señor. En sus esfuerzos para producir poder, colocaron la ofrenda a su falso dios sobre el altar e hicieron cuatro cosas específicas:

1. Prepararon su ofrenda (versículo 25).
2. Saltaron (versículo 26).
3. Gritaron a voz en cuello (versículo 28).
4. Profetizaron (versículo 29).

Observe que aunque se prepararon, saltaron, gritaron y profetizaron, siguieron sin tener poder ni respuesta a sus oraciones. Parecía que hacían todas las cosas "ritualísticamente" correctas, pero clamaban a un dios falso que no tenía poder. Hoy en día, muchos cristianos hacen estas mismas cosas ante el único y verdadero Dios, Jesucristo. Se preparan todos los domingos, saltan, gritan, y hasta profetizan. Pero recuerde, aunque todas esas cosas están bien delante de Dios, a menos que sean hechas en fe, obediencia y sacrificio, con el respaldo de un estilo de vida de oración, no tendrán poder alguno.

Recuerdo que en una ocasión, cuando acababa de llegar a casa después de un largo día de trabajo, me tendí en la cama y comencé a orar. Inmediatamente, sentí la presencia de Dios y continué orando casi hasta la noche. Seguía viendo rostros mientras oraba. Seguí orando e intercediendo por un buen rato hasta que esa noche, más tarde, salimos a las calles con un grupo de evangelismo. Mientras estábamos allí en las calles, seguí viendo rostros de personas que aparecían ante mi corazón. Fue tal como lo vi mientras oraba.

Entré a una cadena nacional de pizza que estaba repleta de jugadores de fútbol de la secundaria y algunos padres, después de un partido. Nunca me había encontrado con ninguno de ellos, pero noté a un jugador grandote que hacía una pulseada sobre una mesa. Casi todos estaban mirando pulsear a este joven. Se puso de pie, miró alrededor y preguntó, de una manera soberbia, quién iba a ser el próximo contrincante. Aún hoy, me asombra que de mi boca haya salido "Yo". Yo era un hombre común —tampoco sabía cocinar mucho, así que como puede imaginar, era muy flacucho— y apenas tenía veinte años. Pero había pasado mucho tiempo ayunando y orando. No había manera alguna de que pudiera derrotar naturalmente a este individuo. De hecho, cuando me senté para hacer la pulseada con este jugador de fútbol, se mofó de mí y me llamó "palito".

El juego comenzó. Tenía una audiencia mientras la gente se reía de este enfrentamiento de David y Goliat; él era Goliat y yo el pequeño David.

Entonces, con una especie de valentía sobrenatural, les dije a todos que si yo ganaba, ellos tendrían que escuchar lo que yo tenía que decirles. El equipo que iba conmigo a testificar estaba de pie asombrado, esperando mi segura derrota. La gente comenzó una cuenta regresiva y después gritaron: "¡Comiencen!".

Comencé a empujar su mano y su brazo y realmente empecé a ganar un poco cuando él se puso de pie. Se agarró la mano y empezó a gritar: "¿Eh, qué tienes en la mano?". Mientras le mostraba mi mano le dije: "No tengo nada". Dijo que sintió algo como una descarga eléctrica que lo golpeó y corrió a través de él. Estaba seguro de que yo tenía alguna clase de dispositivo en mi mano. Pero el único impacto que yo tenía era el poder de la unción. Yo sabía que era la unción y realmente creo que si no se hubiera puesto de pie, el poder de Dios me habría capacitado para vencerlo.

Él no continuó, por si acaso el palito pudiera vencer al grandote. Dios lo usó, sin embargo, y pedí a todos que escucharan lo que tenía que decirles. Casi todos los que estaban en el lugar, incluyendo a los que trabajaban, vinieron a escucharme predicar el evangelio. Fue mi negativa a dejar en paz a Dios y el clamor por su poder lo que hizo una señal y maravilla ese día. Me había puesto a orar más temprano ese día, y el resultado fue que el Señor envió su poder. Todos esos rostros que había visto en oración, estoy convencido, eran los que ministré esa noche. El poder de Dios vendrá si usted se sacrifica en oración y lo busca a Él.

Ore hasta que la lluvia venga

Si usted busca, ora, obedece y se sacrifica, entonces hay otro secreto más del poder y la fortaleza en el espíritu. Se llama *persistencia*. Elías también sabía la importancia de la persistencia. En 1 Reyes 18, él puso la cabeza entre sus rodillas siete veces para orar por lluvia. No fue porque estuviera poniéndose en posición de emergencia ¡sino más bien en posición de poder!

Una vez más, observe que se requirieron siete veces antes de que su respuesta pareciera llegar. Parecía que Dios no le estaba contestando o que lo ignoraba. Pero para provocar una reacción en Elías, y por su posición de persistencia, eso lo posicionó para una bendición. La bendición que vino a Elías fue la de una oración contestada, en la forma de una nube. Comenzó teniendo apenas el tamaño de la mano de un hombre, pero la oración continua de Elías transformó esa pequeña mano de bendición en un derramamiento de Dios. El Señor siempre está en posición de bendecir su vida, pero está esperando su persistente pedido desde la tierra para que las nubes de bendición puedan derramar lluvia sobre usted.

Cuando Elías oró, no sólo había una nube del tamaño de la mano de hombre, sino también el sonido de una abundante lluvia. Para que la mano de Dios aparezca y traiga la lluvia de una oración contestada, tenemos que asumir una posición como la de Elías. Tenemos que ser persistentes en la posición de oración.

Todos tenemos una nube de lluvia de bendición a la que podemos acceder. Cuando usted lo hace, la bendición de Dios viene como la lluvia y se derrama sobre usted. Eclesiastés 11:3 dice: "Cuando las nubes están cargadas, derraman su lluvia sobre la tierra" (NVI). Si quiere que la bendición de Dios se derrame sobre usted, entonces cargue de oración su nube de lluvia de bendición. La Biblia también nos dice que podemos tener lluvias celestiales y épocas fructíferas en nuestra vida: "…haciendo el bien, dándoles lluvias del cielo y estaciones fructíferas, proporcionándoles comida y alegría de corazón" (Hechos 14:17, NVI).

Dios siempre desea bendecir a su pueblo, y Él quiere que usted viva bajo una nube de lluvia espiritual de su bendición. Cuando Dios creó a Adán y Eva, lo primero que hizo fue "los bendijo Dios" (Génesis 1:28). ¿Cómo conseguimos nuestra nube de lluvia para que derrame bendiciones sobre nosotros? Así como existen cuentas bancarias en la tierra, puede pensar en su nube de lluvia como una cuenta bancaria celestial. Cuando la cuenta está llena, hay algo para retirar. Su nube de lluvia se llena de lluvia mediante su sacrificio y sus oraciones persistentes. Este ciclo es la razón por la cual la lluvia terrenal a veces es comparada con la oración. La lluvia celestial viene cuando llenamos nuestras nubes de "humedad" espiritual. Cuando están llenas, desatan la lluvia: la bendición de Dios.

¿Alguna vez observó qué poco llueve en el desierto? La razón es que no hay humedad que suba del suelo para formar las nubes. De la misma manera, algunas personas no están entrando en una firme bendición porque están en un desierto de poca oración y sin sacrificio. No están dando nada para llenar su nube de lluvia. Lucas 6:38 dice: "Dad, y se os dará; medida buena, apretada, remecida y rebosando darán en vuestro regazo; porque con la misma medida con que medís, os volverán a medir". Lograr que su nube de lluvia se llene es un proceso continuo. Requiere persistencia.

Si alguna vez ha llenado bombitas de agua, enseguida se da cuenta de que cuanta más agua ponga en la bombita, mayor impacto producirá cuando la suelte. Cuando era niño, solíamos tener peleas con bombitas de agua, y yo era el único que siempre estaba empapado. Me interesaba más llenar la bombita rápido, aunque fallaba en llenarla con suficiente agua. Después las arrojaba, dañando apenas a mis enemigos. Cuando terminábamos, la mayoría de mis oponentes estaban secos, mientras que yo estaba empapado, chapoteando en mis zapatos al caminar. ¿Por qué? Ellos se daban cuenta de que cuanta más agua le ponían a la bombita, más agua soltaría en el impacto.

Es lo mismo cuando llena su cuenta bancaria espiritual o su nube de lluvia espiritual. Mientras le da al Señor en oración, y da sacrificialmente de otras maneras, su nube de lluvia se hace más y más grande. Como esas bombitas de agua, lo empapará con un gran impacto de bendiciones hasta que camine por allí, chapoteando en las bendiciones de Dios ¡que lo rebasarán!

Decida hoy transformarse como Eliseo, que perseveró cuando podría haber encontrado razones para darse por vencido. Él siguió a su padre hasta el lugar de prueba, y el resultado fue encontrar la bendición y el poder de Dios. Si se compromete con eso, verá por sí mismo la manifestación de milagros y todas las bendiciones que Dios tiene disponibles para usted. Asegúrese de darle prioridad a la oración para que pueda disfrutar de la manifestación de ese poder. ¡Decida que no dejará de insistirle a Dios hasta que su poder venga!

7

No te dejaré hasta que se mueva esta montaña

No tengan miedo les respondió Moisés. Mantengan sus posiciones, que hoy mismo serán testigos de la salvación que el Señor realizará en favor de ustedes. A esos egipcios que hoy ven, ¡jamás volverán a verlos! Ustedes quédense quietos, que el Señor presentará batalla por ustedes. Pero el Señor le dijo a Moisés: "¿Por qué clamas a mí? ¡Ordena a los israelitas que se pongan en marcha! Y tú, levanta tu vara, extiende tu brazo sobre el mar y divide las aguas, para que los israelitas lo crucen sobre terreno seco".

—Éxodo 14:13-16, NVI

AUNQUE FINALMENTE LES HABÍA dado permiso para dejar el país, ahora Faraón y su ejército estaban persiguiendo furiosamente a los hijos de Israel. Después de cuatrocientos años de esclavitud, Moisés había comenzado a sacar de Egipto al pueblo de Dios con gozo. Millones de personas marcharon con él en su viaje hacia su propia Tierra Prometida. Ahora parecía que todo terminaría para este valiente líder Moisés y para todos los que le seguían. Después de todo, tenían detrás un ejército que los perseguía y el Mar Rojo justo delante de ellos. Todo parecía sin esperanzas e imposible.

Moisés comenzó a clamar al Señor por ayuda. La respuesta que recibió, sin embargo, podría hacer que uno se preguntara si realmente a Dios le importaba o si intervendría. "¿Por qué clamas a mí?" fue la respuesta del Señor, quien después de todo los había metido en este aparente lío. Casi puedo ver a Moisés cuando oyó esta respuesta de Dios, una respuesta que podría sonar al principio como si dijera: "Déjame en paz" o implicar "Es tu problema, Moisés; ahora ocúpate de él".

Estoy seguro de que al principio Moisés pudo haber sentido que sus oraciones no iban a ser oídas. Moisés pudo haber pensado por un breve instante: "¿Acaso Dios no puede ver que lo necesitamos ahora?".

¿Ha sentido usted alguna vez como si el enemigo lo estuviera persiguiendo por todos lados? Quizás sintió que no había nada más que imposibilidades, como el Mar Rojo que estaba frente al pueblo. Tal vez clamó al Señor como lo hizo Moisés, sólo para oír la misma respuesta: "¿Por qué clamas a mí?" Es una sensación de que Dios no está escuchando, o que no ve la gravedad o la urgencia de su situación.

Todos afrontamos situaciones como éstas. Sea un Mar Rojo o montañas y obstáculos que prueban nuestro caminar con Dios, ninguna situación ni montaña es demasiado grande para que Dios la quite. No era que esta situación montañosa que enfrentaba Moisés con el pueblo no pudiera quitarse, sino que Dios estaba buscando algo más que un clamor de desesperación.

Observe las instrucciones del Señor en Éxodo 14:15-16: "Pero el Señor le dijo a Moisés: '¿Por qué clamas a mí? ¡Ordena a los israelitas que se pongan en marcha! Y tú, levanta tu vara, extiende tu brazo sobre el mar y divide las aguas, para que los israelitas lo crucen sobre terreno seco'" (NVI). El Señor sencillamente quería que Moisés supiera que la respuesta era continuar avanzando, no quedarse quieto y llorar desesperadamente. Moisés debe de haber estado seguro de que Dios los iba a ayudar. De hecho, hasta le dijo al pueblo, antes de empezar a clamar al Señor, que Dios pelearía por ellos. El versículo 13 dice: "No tengan miedo les respondió Moisés. Mantengan sus posiciones, que hoy mismo serán testigos de la salvación que el Señor realizará en favor de ustedes. A esos egipcios que hoy ven, ¡jamás volverán a verlos!" (NVI). Creo que el Señor quería que Moisés actuara sobre la base de lo que creía, no que clamara desesperadamente atemorizado.

Dios no ignoraba a Moisés ni era indiferente. Una vez más, quería provocar en Moisés una reacción de expectativa para que su poder se manifestara. Si Moisés avanzaba en la tierra, Dios se movería en el cielo. Las oraciones siempre deben realizarse con esta clase de expectativa para captar la atención de Dios. Dios deseaba intervenir a favor de Moisés, pero en vez de un clamor desesperado, buscaba que Moisés avanzara basándose en las palabras de confianza que Él había dado al pueblo. El Señor quería ver que él actuara con la expectativa de que Dios se movería.

Avance con la vara de poder

Todos afrontamos montañas y situaciones que parecen imposibles de quitar. Los problemas que enfrentamos a veces parecen más grandes que la vida. Así como existen montañas de diferentes tamaños, también enfrentamos problemas de diferente tamaño. Como con Moisés, la respuesta para su remoción no nos llega por un clamor desesperado. Viene por avanzar, confiando en lo que usted cree. Esto es así porque Dios desea que avancemos siempre en vez de mirar atrás para ver lo que nos está persiguiendo. El clamor de Moisés representaba el temor del enemigo que venía detrás de ellos. Los egipcios que los perseguían le recordaban al pueblo su pasado, y Dios quería que miraran hacia delante.

Cuando Faraón perseguía al pueblo, Israel estaba acampando junto al Mar Rojo. No estaban yendo hacia ningún lado. Ya estaban impedidos por este obstáculo aun antes de que el ejército fuera tras ellos. Allí es donde mucha gente vive. Eligen acampar y establecerse. En vez de proseguir hacia la Tierra Prometida, se quedan en el desierto y acampan a causa de un obstáculo o una montaña. El problema es que cuando usted acampa en el desierto porque siente que los problemas son demasiado difíciles de solucionar, el enemigo llegará para perseguirlo y tomar la delantera. En cambio, Dios quiere que usted avance siempre.

Una vez que Dios le dijo a Moisés que avanzara, le dio un secreto para hacer posible su progreso. El Señor le dio tres palabras clave a Moisés en Éxodo 14:16: "...alza tu vara". ¿Sería posible que Moisés olvidara todas las cosas maravillosas que sucedieron cuando levantó su vara en el pasado? La última vez que levantó esa vara cerca de una fuente de agua, se convirtió en sangre. Su vara también se había convertido en una serpiente cuando la arrojó ante el trono de Faraón. Fueron las cosas que esa vara produjo las que intimidaron a Faraón para que dejara ir al pueblo. Había autoridad en esa vara. Dios quería que Moisés sólo hiciera lo que había hecho tantas veces antes, y levantara su vara de poder.

También nosotros tenemos que levantar o extender la vara de autoridad que nos ha sido dada contra el enemigo, tal como Moisés lo hizo. Nuestra "vara" de autoridad ¡es el nombre de Jesús! Según Hebreos 1:1-8, Jesús sostuvo en su mano la vara, o el cetro, de justicia. Él está sentado a la diestra de Dios con la vara de autoridad como Señor sobre todo. Somos llamados sus coherederos y estamos sentados con Él en los lugares celestiales. (Vea Romanos 8:17; Efesios 2:6.) Eso quiere decir que gobernamos y reinamos con Él con la misma vara de autoridad para vencer todo lo que el enemigo ha querido hacer en nuestras vidas. Si clamamos a Dios y nos movemos más allá de las fallas, los recuerdos y pesares que intentan volvernos a la esclavitud, entonces el poder del diablo será derrotado por la mano del Señor.

La vara de autoridad de Moisés no sólo abrió camino para que el pueblo escapara, sino que además destruyó completamente al enemigo. Mire Éxodo 14:26-28: "'Entonces el Señor le dijo a Moisés: Extiende tu brazo sobre el mar, para que las aguas se vuelvan contra los egipcios y contra sus carros y jinetes'. Moisés extendió su brazo sobre el mar y, al despuntar el alba, el agua volvió a su estado normal. Los egipcios, en su huida, se toparon con el mar, y así el Señor los hundió en el fondo del mar. Al recobrar las aguas su estado normal, se tragaron a todos los carros y jinetes de Faraón, y a todo el ejército que había entrado al mar para perseguir a los israelitas. Ni uno de ellos quedó con vida" (NVI).

Aquí podemos ver que la vara de autoridad de Moisés no sólo fue capaz de proveer una ruta de escape, sino que además ahogó a los perseguidores en el mar. Cuando Dios preguntó por qué Moisés clamaba a Él, no fue porque Dios no quisiera ser molestado o porque quería que lo dejaran tranquilo. Tampoco porque Dios no quisiera que Moisés clamara. Era porque Dios quería que Moisés usara lo que ya le había dado. El clamor de Moisés fue de temor, no de poder. El Señor le respondió de esta manera para lograr que Moisés avanzara en vez de quedarse quieto o retroceder. Dios quería que Moisés usara su vara de poder para hacerlo posible.

Tenemos la misma "vara" de autoridad para avanzar hacia nuestro destino a pesar de los obstáculos que haya para estorbarnos. Su vara de autoridad no sólo abrirá un camino en la tierra seca, sino que también "ahogará" a sus enemigos para que ya no puedan mantenerlo en la esclavitud.

En cierta ocasión, mi esposa, su hermana y yo viajamos varias horas para asistir a una convención. El pronóstico del tiempo anticipaba nieve, pero decía que nevaría por la noche, más tarde. Imaginé que evitaría la nieve partiendo por la tarde, a la salida del trabajo, pero a poco de haber partido comenzó a nevar copiosamente. La visibilidad iba disminuyendo y el viento empezaba a tornar peligrosas las condiciones para conducir. Para empeorar las cosas, estaba oscureciendo, y conducíamos por una carretera secundaria en un intento de ahorrar tiempo. Parte del tiempo estábamos literalmente en medio de la nada. No había ningún lugar donde detenernos, y los escasos hoteles que pasamos estaban repletos. No teníamos otra opción que seguir avanzando con lentitud, a unas veinticinco millas por hora. Hasta era difícil encontrar una granja. Quedamos con pocas opciones excepto orar y seguir avanzando a paso de tortuga.

Mientras conducía bajo mucha presión, mi cuñada y mi esposa comenzaron a orar en el espíritu y a hablarle a la montaña de aparente imposibilidad. Verdaderamente no teníamos otra elección sino seguir adelante, tal como lo hizo Moisés en el Mar Rojo. Al fin llegamos a nuestro destino, cinco horas más tarde de lo normal. Pero fue una perfecta ilustración de cómo avanzar con la vara de autoridad.

Debido a este suceso me di cuenta de que cuando enfrentamos una situación imposible con pocas opciones para retirarnos, con Dios tenemos la capacidad de avanzar y levantar nuestra vara de autoridad para vencer los obstáculos que hay frente a nosotros.

Desarrollar una actitud santa de victoria

La manera de llegar a estar confiados para avanzar y levantar nuestra vara de poder, a pesar de la montaña, es desarrollar una actitud santa de victoria. Usted y yo no podemos ser intimidados por ninguna montaña o situación imposible. Cuando vino Goliat para intimidar a Israel, David se levantó con una santa actitud de victoria. Simplemente decidió que esa montaña no era lo suficientemente fuerte para vencerlo. Su actitud le hizo decir: "¿Quién es este filisteo incircunciso?" (1 Samuel 17:26). Sus palabras casi estaban provocando a su oponente.

Nosotros también tenemos que desarrollar una actitud santa que diga: "¡No te dejaré, Señor, hasta que se mueva esta montaña!".

También podemos ver una actitud santa de victoria declarada por el ángel a Zacarías. Era una actitud de victoria que casi traía un tono desafiante. Parecía confiado y decidido y dijo: "¿Quién eres tú, oh gran monte? Delante de Zorobabel serás reducido a llanura; él sacará la primera piedra con aclamaciones de: Gracia, gracia a ella" (Zacarías 4:7).

¡Eso suena como una declaración con una actitud! "¿Quién eres, oh gran monte? ¡Serás hecho una llanura!" Es necesario que ésta sea también su actitud: "¿Quién eres tú, montaña que te levantas en el camino de mi victoria? ¿Quién eres tú, montaña que impides que mis oraciones sean contestadas? ¡Serás hecha una llanura!". En otras palabras: "¡Te aplastaré con mi actitud de fe y mis palabras que tienen poder!". En vez de limitarse a aceptar la situación, háblele. Jesús nos enseñó que podemos hablarles a las montañas de nuestras vidas y esperar que se muevan si creemos que lo que decimos se cumplirá. (Vea Mateo 17:20.)

Puede contar con que la gracia venga a su situación montañosa. Observe que el ángel dijo: "Gracia, gracia a ella". ¿Qué es la gracia?

Es el favor que Dios le da a usted aunque usted no lo merezca. Oí a un hombre decirlo de esta manera: "La gracia significa que yo *no puedo*, por lo tanto ¡Dios *debe*!" La gracia está disponible para tratar con su montaña, y usted puede exigir que la gracia se manifieste. Dios quiere que su gracia aumente y se multiplique sobre usted y su situación. Así que espérelo.

Primera de Pedro 1:2 dice: "Gracia y paz os sean multiplicadas". El apóstol Pablo también mencionó este principio de mover montañas y obstáculos por medio de la gracia. La Biblia dice que un mensajero de Satanás fue enviado para abofetear a Pablo mientras estaba en la prisión (2 Corintios 12:7). ¿Sabe lo que hizo? Al principio, respondió como Moisés y clamó al Señor para deshacerse de ese problema. Pero Dios le respondió de la misma manera que a Moisés, como si dijera: "Es asunto tuyo, Pablo".

Así que Pablo clamó tres veces sin obtener la respuesta que esperaba de Dios. Finalmente, el Señor le dijo a Pablo que la respuesta ya era suya. Una vez más, Dios estaba provocando una respuesta para que Pablo pudiera ver lo que ya estaba disponible para él. La respuesta de Dios fue: "Bástate mi gracia". Dios quería que él supiera que su gracia ya estaba allí y era asequible.

Cuando nos levantemos en nuestra autoridad de gracia sobre la tierra, Dios actuará desde la gracia del cielo. Las montañas se desmenuzarán en su vida cuando usted no se queje, no tolere ni dé vueltas alrededor de la montaña, sino en cambio, le diga: "Gracia, gracia" a ella. Y luego vea cómo es quitada. No deje en paz a Dios, sino levántese y use lo que Él ya le ha dado: su vara de autoridad, su Palabra, y el nombre de Jesús, sólo por enumerar algo. Diga ahora mismo: "¿Quién eres tú, oh gran montaña? Ahora mismo, ¡te conviertes en una llanura! ¡Hablo gracia, gracia a cada situación que estoy enfrentando!". La gracia es suficiente para arrasar montañas y quitar los obstáculos.

El motociclista de Burger King

Recuerdo otra ocasión en que me sentí como si tuviera una montaña frente a mí además de un enemigo que me perseguía. Me llevó un minuto desarrollar una actitud santa y ver quitada esa montaña porque al principio estaba intimidado.

Iba conduciendo a casa una noche cuando, de repente, el Señor me habló para que diera vuelta y regresara al Burger King que acababa de pasar. No tenía hambre, y no era donde solía detenerme por una hamburguesa. Así que comencé a argumentar con el Señor que yo vivía a unas pocas cuadras y que ya casi estaba en casa. Después de unos minutos de sentir una convicción sumamente fuerte de la voz del Señor, obedecí. Entré al restaurante de comidas rápidas esperando más instrucciones. Oh, las instrucciones llegaron bien, pero no de la manera en que yo quería recibirlas. Oí al Señor que me decía que entrara al Burger King, encontrara al hombre más grande que pudiera hallar, y le hablara de Jesús.

Inmediatamente, desobedecí y fui a la mesa de un muchachito con aspecto de mentecato que comía una hamburguesa con otros muchachos de aspecto similar. Comencé mi sermón evangelístico sólo para que este joven me interrumpiera y señalara a un motociclista enorme que hablaba en el estacionamiento. Dijo: "¿Por qué no le habla a ese tipo?", y comenzó a reírse de mí.

"Genial", pensé. Así que Dios me estaba hablando por medio de este mentecato, recordándome mi desobediencia.

Por fin, con gran inquietud, me aproximé al motociclista grandote del estacionamiento. Estaba hablando con un grupo de gente y no parecía querer ser molestado. Tenía razón; no quería. Comencé a hablarle de Jesús, y al instante comenzó a gritarme. "¡Vete de aquí o voy a matarte!", dijo.

Yo no sabía qué hacer cuando amenazó con matarme, así que débilmente traté de usar las mismas palabras que usó David Wilkerson en *La cruz y el puñal* cuando testificaba a las pandillas de Nueva York. Dije: "¡Puedes cortarme en un millón de pedazos si quieres y tratar de matarme, pero te seguiré hablando de Jesús!". Su respuesta no fue tan buena.

Dijo: "¿Qué?". Luego, ordenó que me callara, excepto que esta vez estaba cerrando su puño y preparándose para golpearme. Trató de pegarme fuerte, pero mientras su puño se acercaba a mi cara, grité: "¡La sangre de Jesús!". De alguna manera, ¡me erró! Repitió el intento tres veces, y cada vez en vano mientras yo decía: "¡La sangre de Jesús!".

Él y yo estábamos sorprendidos de que ninguno de sus golpes me tocara. Esto lo enojó aún más, y comenzó a agitar los brazos mientras sus amigos trataban de sujetarlo y alejarlo de mí. Seguía gritando y gruñendo: "¡Déjenme; voy a matarlo!". Pero esta vez, sentí que lo mejor era correr, así que comencé a encaminarme hacia el frente del restaurante tan rápido como podía, pero él seguía viniendo detrás de mí. Oía sus pisadas, y cuando miré hacia atrás, me asió de la chaqueta, me levantó y me arrojó contra la vidriera del frente. Todo lo que recuerdo fue oír que mi boca decía: "La sangre de Jesús", mientras mi mente pensaba en salir a través de la vidriera. Miré sobre mi hombro mientras me arrojaba, y vi al empleado al otro lado que dejaba caer su trapeador. De algún modo, reboté en la vidriera, la que esperaba atravesar. El motociclista sacudió la cabeza, sorprendido, y se enojó todavía más. Yo también sacudí la cabeza.

Para entonces, ya había tenido suficiente, y asumí una posición. También yo estaba enojado, pero justamente enojado con el demonio que lo dirigía. Por último, lo miré directamente y le grité: "Te reprendo en el nombre de Jesús". Cuando dije esto, ¡los demonios comenzaron a salir de él! Estaba viendo mi montaña superada por el poder de Dios.

Para entonces, él era visiblemente sacudido por la unción, así que puse mi mano sobre él y le dije que Jesús lo amaba. Esa noche enfrenté lo que parecía un Goliat literal, pero cuando dejé de tratar de huir de miedo, y me di vuelta para usar mi vara de autoridad, la montaña se desmenuzó precisamente delante de mí. Eso es lo que Dios está buscando. Él quiere que nos pongamos firmes contra el diablo, tal como me levanté ante este hombre que trataba de intimidarme. Usé mi vara, y la montaña cayó.

Los espíritus de intimidación de Faraón

Una de las razones por las que creo que Moisés no levantó inmediatamente su vara de autoridad, y por las que el pueblo estaba tan atemorizado por sus enemigos, es que necesitaban ser libres del "espíritu de Faraón". En otras palabras, habían desarrollado una mentalidad de esclavitud que esperaba que sus captores los vencieran. Piénselo; eso fue todo lo que supieron hacer durante cuatrocientos años. Sabían cómo ser esclavos. Necesitaban ser liberados de un espíritu de Faraón.

Muchos de nosotros estamos demasiado amedrentados para levantar nuestra vara de poder porque somos intimidados por el "faraón" que nos retuvo durante tantos años. No podemos vernos venciéndolo. Hay seis maneras en que un espíritu de faraón, o forma de pensar, le impedirán avanzar con su vara de poder:

1. *Hace que usted se siga sintiendo atado.* Faraón era un tirano, lo cual implica controlar y manipular para que el pueblo se siga sintiendo atado y temeroso.

2. *Aborta su destino.* Faraón mató en masa a los niños, lo que representa un futuro malogrado. Él quiere abortar el futuro que Dios dispuso para usted.

3. *Hace que tenga una visión empequeñecida de sí mismo.* Todo lo que el pueblo podía ver cuando estaban en Egipto era que ellos valían menos que los egipcios. Tenían una mentalidad de esclavitud y siempre se sentían como víctimas sin ningún valor.

4. *Endurece su corazón.* Faraón tenía un corazón duro y lo endureció muchas veces, incluso contra Dios. Los hijos de Israel llevaron la misma rebelión y dureza de corazón cuando salieron de Egipto.

5. *Lo mantiene controlado por el dinero y las posesiones.* Faraón le dio al pueblo Gosén, que estaba bajo su control. Allí siempre estuvieron en deuda. Todo lo que tenían pertenecía a Faraón.

6. *Trata de perseguirlo e intimidarlo.* Faraón persiguió al pueblo en el desierto, haciéndoles creer que nunca serían libres del pasado. Quiere que usted regrese al pasado, e intimidarlo para que piense que nunca podrá vencer.

Una vez que ponemos en descubierto cómo el espíritu de Faraón quiere intimidarnos para que nunca veamos la victoria, podemos comenzar a encararlo confiadamente con la vara de poder. Es necesario que reconozcamos cómo ese espíritu opera encubiertamente contra nosotros y luego empecemos a hablarle en la gracia de Dios.

POR MIS PALABRAS

Usted puede mover montañas cuando lo cree en su corazón y les habla con autoridad. Esto es lo que dijo Jesús: "...si tuviereis fe como un grano de mostaza, diréis a este monte: pásate de aquí a allá, y se pasará; y nada os será imposible" (Mateo 17:20). La mejor manera de mover una montaña de su vida es hablarle de la manera en que Jesús nos enseñó. Dios le dijo a Ezequiel que les profetizara: "Tú, hijo de hombre, profetiza a los montes de Israel, y di: Montes de Israel, oíd palabra de Jehová" (Ezequiel 36:1).

Jesús también dijo. "...de la abundancia del corazón habla la boca" (Mateo 12:34). Esto significa que las palabras que se hablan desde el corazón se cumplirán más que las palabras que decimos desde nuestra cabeza. Dicho de otro modo, son palabras habladas con autoridad, desde lo profundo de nuestro corazón. No se dicen con un tono de temor adherido a ellas. Las palabras son poderosas y pueden usarse como una vara de autoridad para hacer proezas sobrenaturales y mover montañas.

Elías aparentemente comprendía este poder de las palabras, y lo llevó a otro nivel al decir la frase "por *mi* palabra". Observe lo que sus palabras lograron en 1 Reyes 17:1: "Vive Jehová Dios de Israel, en cuya presencia estoy, que no habrá lluvia ni rocío en estos años, sino por *mi palabra*". Tenía plena confianza en que sus propias palabras tenían poder suficiente para afectar el curso de la naturaleza. Eso es lo que encontramos en Santiago 3:6, que dice que nuestras palabras inflaman la rueda de la creación. En cuanto a Elías, no llovió debido a *sus* palabras, y Dios las honró.

Quizás usted necesite que se detenga una lluvia de problemas en su vida. Como dice el viejo refrán: "Sobre llovido, mojado". Oigo mucha gente que dice que los problemas les llueven a cántaros. ¿Qué lluvia necesita detener hoy con sus palabras? Jesús maldijo a una higuera con sus palabras, y con sus palabras calmó las tempestades. Usted también tiene poder en sus palabras para cambiar las cosas, pero tiene que creer que a *su palabra* las cosas se moverán. *Sus palabras* son su vara de poder para seguir avanzando en victoria.

Hace algún tiempo, estaba ministrando en una conferencia en otro país donde hacía meses que no llovía, y esa área estaba experimentando bastante sequía. Estaba sumamente caluroso, y se podían sentir los efectos de la falta de lluvia. En todas partes a donde íbamos, la gente se quejaba del calor y de la falta de lluvia.

Esa noche cuando predicaba, tenía mucho calor y estaba empapado en sudor. Llamé al grupo de adoración para que comenzara a tocar, y la unción profética comenzó a venir sobre mí. Empecé a profetizar al cielo y le ordené a la sequía que cesara ¡en veinticuatro horas! Dije que por *mi palabra* llovería como una señal profética para la nación de que el pueblo había elegido al líder correcto, y que Dios iba a mostrarles su bendición sobre él por medio de la lluvia. Sería una señal de oración contestada. Durante la profecía, el Señor dijo también que su voz se oiría en los cielos por medio del trueno.

Bueno, no había pronóstico de lluvia, y después los pastores de la reunión me lo recordaron. Ciertos pastores y líderes presentes comenzaron a llamar a otros líderes de toda la nación, diciéndoles que yo había profetizado lluvia como una señal. Bueno, parecía estar ocurriendo exactamente lo opuesto de lo que yo había dicho. Durante horas, parecía que no estaba sucediendo *nada*. De hecho, al día siguiente, el sol parecía mofarse de mí. Me estaba preocupando mucho esa palabra profética que había dado.

Finalmente, esa tarde me sentí encantado cuando comenzaron a formarse nubes. ¡Comenzó a llover y llover y llover! Tronó tan fuertemente que parecía sacudir los edificios. Y llovió tanto que las calles se inundaron. La palabra corrió rápidamente a través de la nación mientras veían el fin de la sequía y la respuesta de Dios a sus oraciones.

Debemos darnos cuenta de que tenemos la misma capacidad que Elías. Tenemos poder en nuestras palabras si nos atrevemos a creer. La Biblia dice: "Decidirás una cosa, y se te cumplirá" (Job 22:28, LBLA). Use hoy *sus* palabras para decretar la voluntad de Dios sobre su situación y sobre su vida. Recuerde, ¡*por su palabra* el poder de Dios se moverá!

VAYAMOS AL OTRO LADO

Una vez más, revisemos el patrón común que hemos visto con respecto a Dios a lo largo de este libro. A veces, parece que Él desea que lo dejen solo, o no responde, y parece ignorar nuestras oraciones. En una ocasión, en Mateo 14:22-23, Jesús llegó a *enviar* a los discípulos en una barca para poder estar realmente solo. Les pidió que cruzaran el mar hacia el otro lado, y mientras Jesús estaba solo, fueron sacudidos en la barca por un viento violento. Estoy seguro de que todos podemos pensar en las veces en que el Señor nos pidió que hiciéramos algo y parecía que *nos* había dejado solos, y nos sentimos condenados al fracaso como si fuéramos a ser echados al mar. Sin embargo, cuando Dios nos dice que hagamos algo, siempre quiere que lo llevemos a cabo hasta el final y crucemos al otro lado exitosamente. Si parece que Él no participa, tal vez sólo esté esperando nuestra reacción. Desea vernos caminar en el poder que nos ha sido dado e ir al otro lado. En Mateo 14, cuando Jesús se fue solo mientras enviaba a los discípulos a cruzar, quería probar su fe y provocar una respuesta.

Cuando atraviesa tiempos difíciles, se revela mucho sobre quién es usted y qué tiene dentro. Si tuviera que tomar una esponja y ponerle sólo leche chocolatada y exprimirla, lo único que saldría de ella sería leche chocolatada. Lo que pone en sí mismo antes de que la montaña o la tormenta lo expriman es lo que saldrá de usted una vez que se le aplique la presión. Si pone la Palabra de Dios en usted, cuando sea exprimido, saldrá la Palabra de Dios.

Cuando Jesús envió a los discípulos a la tormenta, ellos entraron en pánico. Lo gracioso es que acababan de experimentar una tormenta en el mar unos pocos capítulos antes en Mateo 8:23-27. Jesús los reprendió por su incredulidad porque de algún modo todavía no habían aprendido del ejemplo del Señor qué hacer durante una tormenta. No recurrieron a lo que habían aprendido. Primero, podrían haber confiado en la orden de Jesús de ir exitosamente al otro lado. Segundo, deberían haber sabido ya cómo hablarle a la tormenta, porque eso fue lo que Jesús hizo con las tormentas.

Moisés cruzó al otro lado con su vara de autoridad. Jesús también lo hizo, y quería que sus discípulos hicieran lo mismo. Quería que usaran sus palabras para cruzar. Proverbios 18:21 dice que la vida y la muerte están en *poder* de la lengua. Puede comenzar a levantar su vara de poder, y puede parecer que sus palabras cambian muy poco las circunstancias si es que lo hacen. Nuestro andar con Dios, sin embargo, consiste en un crecimiento progresivo. La Biblia dice que vamos de revelación en revelación y de fe en fe. Es progresivo. Continúe levantando su vara de poder para cruzar, y finalmente aprenderá como caminar sobre suelo seco y tranquilo.

Hace muchos años, enfrenté una tormenta física que me recordó cómo se pudieron haber sentido los discípulos cuando estaban en la barca. Las sirenas de tornado sonaban fuertemente y los vientos se elevaban drásticamente. Mi esposa dijo que la televisión había informado que había un tornado a menos de una milla de distancia y que se dirigía hacia nuestra casa. No podía ver hacia afuera por la ventana del dormitorio de atrás porque estaba oscuro y lloviendo. Nos paramos en la ventana y le hablamos al tornado. Le ordenamos que regresara al cielo *ahora*. En cuanto lo dijimos, una enorme rama se torció y golpeó la casa. Sin titubear, gritamos y ambos corrimos al sótano. ¡Olvídense de la fe por el tornado! Obviamente, necesitábamos crecer en cuanto a cómo tratar con una tormenta. Sin embargo, el tornado pasó, y después nos reímos mucho de nuestra ridícula reacción.

En otra ocasión, se levantó un tornado donde vivíamos, justo junto a la pequeña oficina de una instalación médica. Íbamos caminando cerca de la casa, y el cielo comenzó a verse extrañamente negro. Cuando entramos, algunos de los doctores estaban afuera, señalando el cielo mientras comenzaba a formarse la nube. Pasamos y saludamos cuando ellos bromeaban acerca de los tornados que destruían todo nuestros hogares y los pagos del seguro y etcétera. Inmediatamente les dijimos que Jesús iba a calmar esa tormenta. Luego dijimos que le íbamos a hablar. Rieron histéricamente y entraron para ponerse a cubierto. Por supuesto, nosotros también íbamos a entrar, pero primero nos detuvimos y le hablamos a la tormenta. El tornado volvió a subir al cielo y la tormenta comenzó a disiparse.

No permitimos que el solo hecho de que pareciera darnos resultado una vez sí y otra no, nos impidiera usar nuestra vara de poder para hablarle a la situación. Como Moisés, no teníamos opción. Era necesario que pusiéramos a prueba nuestra voz y le habláramos a la montaña. La gracia de Dios estaba a nuestro alcance. Todo cuanto teníamos que hacer era usarla. ¡Esas tormentas se disiparon por nuestras palabras! Puede decidirse a no dejar solo a Dios usando lo que ya le ha dado por medio del poder de su resurrección.

Las palabras son una fuerza poderosa para mover montañas y calmar las tormentas de la vida. Quienquiera que haya dicho: "Varas y piedras pueden quebrar mis huesos, pero las palabras nunca me herirán" ¡estaba equivocado! Las palabras son más poderosas que las varas y las piedras. La Biblia dice que las palabras entran al corazón y al alma del hombre. He enumerado algunas cosas más que la Biblia dice acerca del poder de nuestras palabras:

- Las palabras deben ser gratas a los ojos de Dios (Salmo 19:14).

- Quedamos presos de nuestras palabras (Proverbios 6:2).

- Nuestras palabras deben ser excelentes y justas (Proverbios 8:6-9).

- Seremos saciados de bien por nuestras palabras, y la salud será el resultado (Proverbios 12:14, 18).

- Las buenas palabras alegran el corazón (Proverbios 12:25).

¿Sabe usted que las palabras pueden herir y hacer que las personas acarreen efectos negativos de ellas durante toda la vida? Cuando Dios creó al universo, lo hizo con palabras. Toda la creación existe debido a las palabras, y sigue siendo sustentada por la *palabra* de su poder (Hebreos 1:3). Las palabras son usadas en la Biblia para hablar a las tormentas, montañas, higueras, demonios, y a los cielos. Debemos entrenar nuestra lengua para hablar lo que Dios dice acerca de las montañas o situaciones de nuestra vida, pues ésta es la vara de poder. Cuando usted haga un hábito del hablar la Palabra de Dios, verá que las montañas se moverán. No deje de insistirle a Dios, eligiendo hablar las palabras correctas. Debemos refrenar nuestra lengua de hablar el mal y cosas negativas. En tiempos de problemas, es necesario que seamos cuidadosos de no hablar por temor o frustración, sino hablarle a nuestras montañas con palabras de victoria y fe.

Siete bendiciones por obedecer y hablar la Palabra de Dios

Sus palabras pueden ayudarle a superar sus épocas más difíciles y las situaciones montañosas. No deje de insistirle a Dios, hablando continuamente su Palabra con su boca. De esta manera, usted aprende a ser obediente a la Palabra de Dios, hablándola constantemente. Es esa obediencia a su Palabra la que hará que entre a su tierra prometida. Israel experimentó siete bendiciones al hablar y luego obedecer la Palabra de Dios. Se encuentran en Levítico 26:3-13 (nvi).

1. *Tendrá de Dios cielos abiertos para fructificar.* "...yo les enviaré lluvia a su tiempo, y la tierra y los árboles del campo darán sus frutos" (versículo 4).

2. **Tendrá sobreabundancia de bendiciones.** "La trilla durará hasta la vendimia, y la vendimia durará hasta la siembra. Comerán hasta saciarse y vivirán seguros en su tierra" (versículo 5).

3. **Tendrá paz y protección y habitará seguro.** "Yo traeré paz al país, y ustedes podrán dormir sin ningún temor. Quitaré de la tierra las bestias salvajes, y no habrá guerra en su territorio" (versículo 6).

4. **Será liberado de sus enemigos.** "Perseguirán a sus enemigos, y ante ustedes caerán a filo de espada. Cinco de ustedes perseguirán a cien, y cien de ustedes perseguirán a diez mil, y ante ustedes sus enemigos caerán a filo de espada" (versículos 7-8).

5. **Disfrutará de las multiplicadas bendiciones de su pacto.** "Yo les mostraré mi favor. Yo los haré fecundos. Los multiplicaré, y mantendré mi pacto con ustedes" (versículo 9).

6. **Experimentará una nueva cosecha.** "Todavía estarán comiendo de la cosecha del año anterior cuando tendrán que sacarla para dar lugar a la nueva" (versículo 10).

7. **La presencia del Señor estará con usted.** "Caminaré entre ustedes. Yo seré su Dios, y ustedes serán mi pueblo. Yo soy el Señor su Dios, que los saqué de Egipto para que dejaran de ser esclavos. Yo rompí las coyundas de su yugo y los hice caminar con la cabeza erguida" (versículos 12-13).

Todas estas promesas son suyas si usted aparta los ojos de su pasado y los pone en su futuro con el Señor. Avance valientemente con la vara de autoridad de Dios en su boca. Recuerde que el ejército perseguidor de Faraón era el pasado de Israel, y ellos tenían que cruzar el Mar Rojo con autoridad para entrar a sus bendiciones futuras. Así como parecía imposible que un mar pudiera partirse en dos, todas las cosas son posibles con Dios. Lo que puede parecer imposible para nosotros no es imposible para Él. No debemos clamar en incredulidad o temor. Podemos extender nuestra vara de autoridad —las promesas de Dios en nuestra boca— y seguir adelante. "¿Quién eres tú, o gran monte o tormenta? ¡Hoy serás una llanura!"

Permítame animarle, no deje de insistirle a Dios. ¡Anímese a seguir avanzando con su vara de poder y no lo deje hasta que toda montaña haya sido completamente quitada de su camino!

8

No te dejaré hasta que los sueños muertos vuelvan a cobrar vida

Estaba entonces enfermo uno llamado Lázaro, de Betania, la aldea de María y de Marta su hermana. (María, cuyo hermano Lázaro estaba enfermo, fue la que ungió al Señor con perfume, y le enjugó los pies con sus cabellos.) Enviaron, pues, las hermanas para decir a Jesús: Señor, he aquí el que amas está enfermo. Oyéndolo Jesús, dijo: Esta enfermedad no es para muerte, sino para la gloria de Dios, para que el Hijo de Dios sea glorificado por ella. Y amaba Jesús a Marta, a su hermana y a Lázaro. Cuando oyó, pues, que estaba enfermo, se quedó dos días más en el lugar donde estaba.

—Juan 11:1-6

¡Dos días más! ¿Qué podría estar pensando Jesús? No se trataba de un extraño, era Lázaro, su amigo, quien estaba muriendo. Si hubo un momento en que debió apurarse y visitarlo fue éste. Quizás Jesús no se dio cuenta de la seriedad de la situación cuando le llegó el mensaje. Estoy seguro de que a María, Marta y los discípulos de Jesús se les cruzaron ciertas cosas por la cabeza cuando recibieron la noticia de Lázaro. Pero Jesús no reaccionó como ellos esperaban, o incluso como ellos querían que reaccionara.

Según las Escrituras, cuando oyó que Lázaro estaba enfermo, Él esperó deliberadamente dos días más antes de hacer una visita a su amigo enfermo. ¿Fue éste otro ejemplo de un Dios que quería estar solo o ignorar una petición? Parecía que Jesús no iba a hacer nada. Había sanado a tantos antes; ¿por qué no corrió rápidamente hacia su querido amigo?

Sabemos con certeza que María y Marta *estuvieron* ofendidas cuando Él pareció ignorar su desesperado mensaje. En efecto, la Biblia dice que cuando Jesús por fin llegó, ¡Lázaro había muerto hacía ya cuatro días! En el momento en que Marta vio a Jesús, su ofensa fue visible, y confrontó a Jesús con un: "Señor, si hubieses estado aquí, mi hermano no habría muerto" (Juan 11:21).

¡Guau! Qué recibimiento. Estaba enojada y se lo hizo saber a Jesús. En otras palabras, estaba diciendo: "Jesús, si no hubieras ignorado nuestra oración urgente y venido cuando te pedimos, hoy nuestro hermano no estaría muerto". Su actitud le impidió ver el milagro que estaba a punto de ocurrir. Mire el versículo 39: "Dijo Jesús: Quitad la piedra. Marta, la hermana del que había muerto, le dijo: Señor, hiede ya, porque es de cuatro días". Aunque estaban retirando la piedra, ella sólo podía ver lo negativo.

¿Qué podemos decir de su hermana María? Se quedó sentada en su casa seguramente angustiada y ofendida porque el Señor no vino. Juan 11:20 dice: "Pero María se quedó en casa". María habló francamente en el versículo 32: "Señor, si hubieses estado aquí, no habría muerto mi hermano". Dijo exactamente lo mismo que su hermana Marta. No fue accidental. Es probable que antes hubieran hablado de sus sentimientos, y ahora estaban furiosas. Jesús era considerado un amigo de la familia, y ese hecho no hizo sino agravar la ofensa cuando él no vino en el momento en que lo necesitaban.

Cuando usted está desesperado, espera que sus amigos estén a su lado, ¿verdad? Jesús fue a otros que estaban necesitados, entonces ¿por qué no a sus amigos íntimos? En sus corazones, soñaban que Jesús vendría a rescatar a Lázaro para que no muriera. Su sueño era que su hermano siempre formaría parte de su vida. Pero ahora ese sueño había muerto y Jesús no había hecho nada para evitarlo.

Por supuesto, Jesús no hace nada sin propósito. Por el contrario, Él tenía un propósito, provocar una reacción para ver lo que iban a hacer. Estaba buscando una reacción de fe, sin embargo, se ofendieron cuando no hizo lo esperado. Lo único que les dijo fue que esta situación haría que Dios fuera glorificado. ¿Cómo podía suceder eso? ¡Lázaro estaba muerto!

Sin embargo, mientras ellos veían un sueño muerto, Jesús estaba viendo un sueño muerto a punto de ser resucitado. Él quería que María y Marta respondieran con una actitud de que no iban a dejar de creer o darse por vencidas, que no iban a dejar de insistirle a Dios al respecto, aunque parecía no haber esperanza. Jesús quería que reaccionaran en fe sabiendo que, aunque su sueño hubiera muerto, no todo estaba perdido, sino que su sueño muerto iba a volver a vivir otra vez.

La resurrección de nuestro Lázaro

¿Ha tenido alguna vez algo que necesitaba que Dios respondiera en forma urgente, y sentía que lo necesitaba en ese preciso momento? ¿Le pareció que su respuesta no vino como usted esperaba o en el lapso que necesitaba? Quizás sus sueños con respecto al futuro parecen morir frente a sus ojos. Varios años atrás, tuvimos una situación Lázaro como ésa en nuestra familia. Nuestro propio sueño estaba muriendo, y al parecer el Señor no intervenía. Al principio, parecía que Dios no respondía nuestras oraciones, y a veces sentíamos que no escuchaba nuestras oraciones. Con todo, seguimos creyendo que nuestro sueño se haría realidad. Nuestra familia aprendió la importancia de no dejar de insistirle a Dios hasta que nuestro sueño muerto volviera a vivir.

En realidad, comenzó el 4 de julio durante un día de campo familiar, cuando el padre de mi esposa cayó con una fiebre muy alta de 104 grados (40ºC). La causa de la fiebre quedó sin diagnosticar por varios médicos, a medida que los antibióticos lograron controlarla después de tres semanas. Parecía recuperarse, pero quedó débil por algún tiempo. Para la primera semana de diciembre, la misteriosa fiebre alta volvió con furia. Una mañana se despertó, mareado y viendo manchas. Entonces, mi suegra llamó a una ambulancia.

Su situación resultó tan seria que decidieron trasladarlo en helicóptero a otra institución médica, pensando en principio que era el corazón. Sin embargo, una cirugía exploratoria de emergencia reveló que tenía diverticulitis y que el intestino se había perforado. La infección era tan grave que entró en shock séptico como resultado de tener el intestino perforado durante meses sin que hubiera sido detectado. Ahora, en pocas horas, estaba cerca de la muerte. Si hubiera vuelto a la cama esa mañana, cuando mi suegra hubiera vuelto del trabajo por la tarde, él ya habría estado muerto.

Mientras la cirugía reparaba el intestino, su cuerpo estaba tan envenenado, que tuvieron que ponerlo en coma farmacológico para intentar algún tipo de recuperación. De inmediato, su cuerpo se hinchó al triple de su tamaño normal, la fiebre subió a 105 grados (40,5ºC), y había diecinueve bolsas intravenosas de medicamentos, fluidos, sangre y alimento colgando sobre su cabeza. Había ocho médicos trabajando en su caso. El hígado, los riñones y los pulmones todos comenzaron a fallar a causa de la infección. Lo pusieron en diálisis completa y con respirador, experimentando lo que se conoce como insuficiencia de múltiples órganos.

Mi esposa y su hermana fueron en automóvil a ver a su papá. Ni siquiera imaginábamos que estábamos a punto de entrar en una de las mayores batallas de guerra espiritual de nuestra vida. Orábamos literalmente día y noche. Yo me quedaba en casa tres horas cuidando de nuestros dos hijos pequeños, uno de los cuales era sólo un bebé. El primer informe del cirujano fue que había menos del 50 por ciento de posibilidades de que sobreviviera. Mi suegra dijo, tranquila, pero con firmeza: "Doctor, mi Dios es más grande que eso. ¡Creo que entonces deberíamos aferrarnos al 50 por ciento positivo!".

Después de siete días, fui allí en coche con nuestros hijos. Cuando nuestro hijo mayor, que en ese entonces estaba en primaria, vio a su abuelo, dijo: "¡Abuelito, toma tu cama y vuelve a casa alabando a Dios!".

Al principio, sentíamos que nuestro sueño moría a medida que pasaban los días con poco cambio en la condición de papá. A veces, parecía que nuestras oraciones no estaban dando resultado. Sin embargo, después de dos semanas, papá no se había muerto. Por supuesto, los médicos no declaraban que estuviera mejor, pero ciertamente no estaba muerto. Había vivido más de lo esperado. Algo debió haber estado sucediendo. A veces, cuando estamos en pruebas, no podemos ver el milagro que va ocurriendo poco a poco.

Cuando Jesús hizo retirar la piedra de la tumba de Lázaro, María y Marta no se dieron cuenta de que estaba a punto de ocurrir un milagro. El mover la piedra debería haber sido un mensaje claro para ellas de que un milagro venía en camino. A nosotros, el Señor comenzó a darnos diferentes señales para mostrarnos que Él estaba quitando la piedra. Teníamos una pequeña visión por allí, y un sueño o un pasaje bíblico por allá. Era el Señor que estaba quitando nuestra piedra, tratando de prepararnos para recibir un milagro. Nos aferrábamos a todo lo que el Señor nos daba, esperando que nuestro Lázaro se levantara. Nos negábamos a cesar de insistirle a Dios hasta que nuestro sueño volviera a vivir otra vez.

Un día mi esposa, Brenda, oró y dijo: "Señor, que los médicos lo llamen 'el hombre del milagro'". Un médico la oyó, y no mucho tiempo después todos comenzaron a hablar más positivamente y a llamarlo "el hombre del milagro". Entonces, gradualmente comenzó a tener una recuperación milagrosa.

Poco a poco, le redujeron la medicación, le sacaron los aparatos, hasta que un día despertó. El personal que trabajaba allí estaba encantado de verlo. Cuando finalmente lo sacaron de terapia intensiva, una enfermera que no lo había visto durante un tiempo se tapó la boca sin poder creerlo y dijo: "¡Oh, Dios mío! Es el hombre de la habitación diez". Más tarde, su cirujano dijo: "Ciertamente, no es nada que nosotros los médicos hayamos hecho. Fue obra de la fe y la oración". Dicen que la mayoría de la gente por lo general no sobrevive a un shock séptico, pero han pasado años desde ese suceso, y el 'hombre del milagro' de Dios sigue bien.

Le estoy contando cosas que sucederán cuando usted se rehúse a cesar de insistirle a Dios con respecto a los sueños de su vida. ¿Qué es importante para usted? A diferencia de María y Marta, espere que su sueño viva hoy, y no deje que la piedra sea removida mientras usted

NO DEJE DE INSISTIRLE A DIOS

sigue llorando incrédulamente. ¡Vea vivir su sueño muerto, y vaya tras él hasta que se haga realidad!

Cómo superar las dificultades para alcanzar sus sueños

En cada sueño que tenemos en la vida, el enemigo ha puesto escollos para mantener nuestro sueño atado a la tumba como Lázaro. Usted puede elegir entre darse por vencido por ellos o seguir abriéndose camino. Jesús superó todo posible obstáculo después de recibir la noticia de Lázaro. Partiendo de Juan 11, quiero exponer las dificultades que el diablo usa para impedirle cumplir sus sueños en la vida.

Obstáculo 1: Malas noticias

"Señor, he aquí el que amas está enfermo" (v. 11). Cuando persigue su sueño, es importante no reaccionar a noticias malas o negativas que a veces le lleguen. El hecho de que algo no funcione en un principio no quiere decir que no vaya a funcionar más adelante. La forma de evitar el escollo de las malas noticias es hablarle a la situación. "Oyéndolo Jesús, dijo: Esta enfermedad no es para muerte, sino para la gloria de Dios, para que el Hijo de Dios sea glorificado por ella" (v. 11). Tomó una situación negativa y declaró victoria.

Obstáculo 2: Tiempo incorrecto

"Y amaba Jesús a Marta, a su hermana y a Lázaro. Cuando oyó, pues, que estaba enfermo, se quedó dos días más en el lugar donde estaba" (v.5-6). Jesús dijo que Él sólo hizo lo que el Padre le dijo y siguió el tiempo de Dios en lugar del propio. Amaba a esta familia y probablemente quería estar junto a ellos, pero se dio cuenta de que lo importante era ser guiado por el Espíritu. No reaccione por miedo aunque sienta la tentación de reaccionar ante la situación antes que, como Jesús, ser guiado por el Espíritu de Dios y mantener la fe.

Obstáculo 3: Amigos y familiares

"Le dijeron los discípulos..." (v. 8). Cuando los discípulos oyeron que Lázaro estaba enfermo y Jesús demoraba su respuesta, comenzaron a darle sus opiniones. Amigos y familiares pueden ser sinceros pero, pero a veces pueden estar sinceramente equivocados. Los amigos de Job fueron sus mayores críticos y le dieron consejos equivocados. Nuestros seres cercanos a menudo pueden ser una ayuda, pero también pueden estorbar nuestros sueños por tener demasiada familiaridad con nosotros y nuestra situación. Incluso Jesús no pudo realizar sus mayores milagros en su ciudad natal porque la gente lo conocía tanto que no podía ver su propósito espiritual. (Vea Marcos 6:1-4.)

Obstáculo 4: Temor y ansiedad

"Rabí, ahora procuraban los judíos apedrearte, ¿y otra vez vas allá?" (Juan 11:8). El temor es una de las mayores cosas que el diablo usa para mantener su sueño muerto en la tumba como a Lázaro. En Judea ya habían atacado a Jesús cuando la gente quiso apedrearlo. En lugar de permitir que el temor lo incapacitara o lo hiciera modificar sus planes, Jesús no permitió que el temor lo paralizara. Los temores pueden ser pensamientos que formamos en nuestra mente que nos convencen de que no abracemos muestras esperanzas y sueños futuros.

Obstáculo 5: El pasado

"¿Otra vez vas allá?" (v. 8). Para levantar a Lázaro de entre los muertos, Jesús iba a tener que enfrentar un suceso del pasado e ir a Judea otra vez. No permitió que una experiencia pasada lo privara de un milagro futuro. Es importante no vivir en el pasado o volver a él mientras toma sus decisiones. Necesitamos enfrentar el futuro con victoria. Mucha gente se relaciona con su futuro a partir de experiencias pasadas. Si fracasaron en el pasado, creen que fracasarán en el futuro. No permita que los errores, temores y fracasos del pasado le impidan probar de nuevo.

Obstáculo 6: Incredulidad

"Dijo entonces Tomás...: Vamos también nosotros, para que muramos con él" (v. 16). Tomás estaba convencido de que Jesús los estaba llevando a un fracaso. Y la incredulidad es precisamente lo que lo hará fracasar. La incredulidad impidió a los hijos de Israel entrar a la Tierra Prometida. Solemos ser como Tomás, sin visión, fe, o una actitud positiva con respecto adónde el Señor nos guía. La incredulidad no le permite ver la promesa de su sueño. En cambio, le hace ver la imposibilidad de él.

Obstáculo 7: Situaciones imposibles

"Vino, pues, Jesús, y halló que hacía ya cuatro días que Lázaro estaba en el sepulcro" (v. 17). Lázaro ya había muerto hacía cuatro días. La costumbre judía creía que después de tres días, no había esperanza posible de que alguien volviera de los muertos. Jesús esperó a propósito para mostrar que tenía poder sobre la muerte al resucitar de entre los muertos a una hombre que había muerto cuatro días atrás y para mostrar una imagen de su propia resurrección venidera. Quizás usted tiene una situación que le parece sin esperanzas, con poca o ninguna posibilidad. Que Lázaro volviera a la vida nos da esperanza de que nuestros sueños muertos puedan volver a vivir aunque no parezca ni remotamente posible. ¡Servimos a un Dios de imposibilidades!

Obstáculo 8: Apatía

"Entonces Marta, cuando oyó que Jesús venía, salió a encontrarle; pero María se quedó en casa" (v. 20). María estaba sentada en su casa seguramente muy turbada porque Jesús pareció haber ignorado su petición de venir en socorro de su hermano. Parecería que dejó de importarle porque no salió a ver a Jesús en cuanto llegó. Podemos elegir seguir buscando a Dios aunque no entendamos lo que está sucediendo o, como María, darnos por vencidos y dejar de ir en pos de la esperanza de que nuestro sueño resucite. Cuando parece que el Señor no escucha nuestros sueños, o las situaciones no son como quisiéramos, entonces es momento de sacarnos la "mentalidad estructurada" y comenzar a buscar al Señor donde pueda ser hallado.

Obstáculo 9: Excusas y culpa

"Señor, si hubieses estado aquí, no habría muerto mi hermano" (v. 32). Era obvio que María le estaba atribuyendo a Jesús la responsabilidad por la muerte de Lázaro. Ella sentía que Él debería haber hecho algo para evitar que sucediera. Entonces recurrió a culparlo por no haber estado allí antes. Siempre es fácil señalar a alguien o algo cuando nuestros deseos no parecen resultar. A veces, usamos excusas para justificar nuestra posición. María podría haberse rehusado a dejar de insistirle a Dios creyendo que Él iba a ayudar a que sus sueños permanecieran vivos. En cambio, culpó al Señor y puso excusas para su propia conducta.

Obstáculo 10: Emociones equivocadas

"Jesús entonces, al verla llorando, y a los judíos que la acompañaban, también llorando..." (v. 33). Está bien llorar, pero no permanecer en un estado de desesperación. Los judíos, según su costumbre, solían llorar y gemir como parte de la tradición. Eso era almático y no producía nada. Debemos ser guiados por el Espíritu en lugar de serlo por nuestras emociones. Si pasamos demasiado tiempo llorando, podemos avanzar hacia la incredulidad y abrirnos al espíritu de angustia. Conozco gente que aún hoy sigue llorando por una situación de hace mucho tiempo, pero llega un punto en que las emociones equivocadas mantendrán en la tumba nuestros futuros sueños. Es necesario que alineemos nuestras emociones con Dios y sus planes para nuestro futuro.

Obstáculo 11: Religión y tradición

"Y algunos de ellos dijeron: ¿No podía éste, que abrió los ojos al ciego, haber hecho también que Lázaro no muriera?" (v. 37). Quienes fueron a la tumba de Lázaro comenzaron a acusar al Señor. Comenzaron a sembrar dudas de que Jesús pudiera resucitar a Lázaro, probablemente porque su tradición dudaba de su poder. La religión usa la razón humana para intentar explicar experiencias sobrenaturales, y las reduce a apenas un suceso común. Los espíritus religiosos eran los únicos que no se inclinaban ante Jesús: lo crucificaron y lo resistieron. El razonamiento humano lo limitará y lo hará desistir de buscar que su sueño vuelva a la vida.

Obstáculo 12: Obstáculos y resistencia

"Quitad la piedra" (v. 39). La piedra de la tumba de Lázaro representaba un obstáculo entre María y Marta y su sueño. No podemos desanimarnos por resistirnos a confiar. Puede haber una piedra entre nosotros y nuestros sueños, pero debemos ser persistentes hasta que se quite del camino. Muchos sueños han quedado en la tumba porque la gente no quería lidiar con los obstáculos que tenía enfrente. Entonces, decidieron darse por vencidos y cambiar su foco hacia alguna otra parte. Dios está esperando que quitemos las piedras y obstáculos que nos oponen resistencia para que Él pueda sacar nuestro sueño de la tumba.

Satanás siempre pone estos doce escollos en nuestros caminos para mantener nuestros sueños y deseos en una cueva, donde están confinados sin señales de vida. Jesús venció estas barreras para que usted esté en posición de resucitar sus sueños y de recibir respuesta a sus oraciones. Una vez que tome conciencia de los escollos para alcanzar sus sueños, se hallará preparado para volver a traer a la vida a sus sueños muertos.

YA HIEDE

Cuando Jesús llegó para ver a María, Marta y la familia, les hizo una pregunta normal que tenía un significado profético. En Juan 11:34, dijo: "¿Dónde le pusisteis?". En otras palabras, estaba preguntando: "¿Dónde está su sueño? ¿Qué ha sido de él?".

Su respuesta a esa pregunta quizás sea la misma que la de Marta en Juan 11:39, cuando dijo: "Señor, hiede ya". Al igual que ella, usted quizás diga: "Está en una cueva, Señor, y ya hiede. No he podido hacer nada con él, ¡y a esta altura ya estará descompuesto!" Eso es precisamente lo que dijeron de Lázaro quien había muerto hacía ya cuatro días. El hedor de un sueño muerto era todo lo que podían ver.

Para establecer una buena comparación, piense en algo que recuerde que olía realmente mal. Quizás fue la basura o algo que halló olvidado en el refrigerador. Recuerde algo que haya tenido un olor totalmente repulsivo.

Entiendo el significado de "¡ya hiede!". Antes de casarme, tuve un compañero de habitación que trajo a casa un enorme recipiente de ensalada de taco que su novia había preparado el fin de semana de Acción de Gracias. Comimos un poco y guardamos lo que sobró en el horno, porque el recipiente no caía en el refrigerador. Sí, usted apenas lo puede imaginar. Por supuesto, nos olvidamos de él, porque no podíamos cocinar y nunca usábamos el horno. Meses después, había olor a podrido en algún lugar de la cocina. Entonces, nuestras narices nos llevaron de vuelta al horno. ¡Fue horrible! Sin saber qué hacer con el enorme recipiente Tupperware contaminado de materia podrida, mi compañero de habitación arrojó la cosa afuera en la galería trasera. El problema fue que, típico de la vida de solteros, nos olvidamos de él hasta la primavera. Luego, desde la ventana, esa terribla peste entró en la casa. Fue el peor olor que puedo recordar. En serio le digo, ¡daba asco! Ya ni siquiera era una ensalada. Era alguna clase de proyecto de biología del horror. Era como si algo realmente grande hubiera muerto.

Aquí es donde se encuentran muchos cristianos en lo que respecta a sus sueños. "Hiede ya", fueron las palabras de Marta para describir sus sentimientos en cuanto a la muerte de su hermano. La verdad del asunto es que probablemente todos habríamos dicho exactamente lo mismo si hubiéramos estado allí. Tendemos a ver lo negativo; vemos y olemos el hedor. Parece estar tan deplorablemente podrido que parece inútil devolverlo a la vida.

A menudo, somos como Marta, en que no podemos tener fe en que en el futuro una situación imposible pueda cambiar. Quizás el sueño que desea es ser libre de una adicción o ser sano de una enfermedad o alguna otra oración que aún no fue respondida. Tal vez parece que la situación que enfrenta hiede y huele a sueños y esperanzas muertos. Siempre debe recordar que Dios ve vida en medio de situaciones muertas. Él declara sanidad en lugar de enfermedad, éxito en lugar de fracaso. Podemos desanimarnos fácilmente porque, con frecuencia, tendemos a pensar que ha transcurrido demasiado tiempo como para que nuestro sueño vuelva a vivir.

Cuando estaba empezando a abrirme camino en el ministerio, muchas veces sentí que mis sueños se estaban muriendo y pudriendo. Nunca olvidaré las palabras que oí del Señor una tarde mientras iba conduciendo. "Hank", dijo, "durante los próximos siete años, serás como José. Te acusarán falsamente y algunos te odiarán". Aquellas palabras del Señor fueron tan turbadoras, que me detuve al costado del camino y lloré. Ni me imaginaba que eso conduciría a que me despidieran dos veces en un año. La primera vez fue de un puesto en el ministerio y la segunda vez de un trabajo secular.

Cuando me echaron del ministerio la primera vez, siendo un joven esposo y padre, tuve que vender mi primera casa. Esto me obligó a mudarme sin tener dinero ni un lugar para vivir, pero aún podía oír resonar en los oídos las palabras concernientes al ministerio: "Serás como José durante los próximos siete años".

Recuerdo cómo nos sentimos mi esposa y yo durante ese periodo. Sentía confusión en mi corazón, como si Dios estuviera enojado y furioso conmigo por alguna razón. Sintiéndome vacío y como si Dios me hubiera olvidado, pasé esos años tratando de buscar la forma de volver al ministerio. No podía entender por qué mis circunstancias eran tan opuestas a todo lo que Dios nos había dicho, e incluso a lo que incontables personas habían profetizado acerca de nuestro futuro. No sabía que antes de que nuestro sueño de ministerio pudiera levantarse, debíamos atravesar un proceso y eliminar algunos obstáculos. Sólo me sentía como si Dios me estuviera ignorando a propósito. "¿Qué hice para merecer todo esto?", pensé.

Siete años después, el Señor habló otra vez, esta vez de una forma que me pareció casi audible. "Hank, ¿quieres ser pastor? Ve a Omaha y establece una iglesia para mí". Apenas podía creer lo que oía. Después de toda la confusión, el sufrimiento y el no dejar de insistirle a Dios en medio de nuestros sueños, ahora Él nos estaba hablando para que iniciáramos una iglesia. Lo hablé con mi pastor, y ése fue el comienzo de la resurrección de nuestros sueños.

Aprendí algunas cosas durante ese tiempo. Realmente, me sentí como José, quien tuvo un sueño, se lo contó a sus hermanos, y lo arrojaron a un pozo, luego a una cárcel, y después fue ascendido al palacio. Me di cuenta de que es importante aferrarnos a nuestro sueño y tener cuidado de con quién lo compartimos. A José, Dios le puso en su camino tres personas que representaban tres tipos de gente que Dios usará para dirigirnos hacia nuestros sueños. Para José fueron el panadero, el copero, y Faraón. Nosotros también nos encontraremos con un "panadero", un "copero", y un "Faraón". Esto es lo que ellos representan para nosotros:

- *El panadero*: Éstas son las personas que Dios pone en su vida para unir todos los ingredientes. Lo ayudan a cumplir sus sueños proveyendo los recursos y lugares para que su sueño se levante y crezca.

- *El copero*: Los coperos de su vida son aquellos con quienes Dios lo conecta divinamente por medio de relaciones que abrirán puertas de oportunidad para que sirva en su sueño.

- *El Faraón*: Los faraones con quienes Dios lo alineará son aquellos que lo ayudarán a crear una posición para su sueño y a usar sus habilidades y talentos para ser de bendición a otros.

Estos tres ayudaron a José a alcanzar su sueño y también serán claves para el sueño de usted. Parecía que Dios se había olvidado de José y que lo había dejado en un pozo y en una cárcel. Dios permitió que lo acusaran falsamente. Al final vemos que el Señor no se olvidó de él, sino que estaba trabajando para promover a José y cumplir su sueño. Posteriormente me di cuenta de que Dios estaba haciendo lo mismo con nosotros. Nos aferramos al Señor y lo buscamos, y finalmente nuestro sueño de ministerio volvió a la vida.

Cuando Jesús estuvo ante la tumba de Lázaro, dio tres órdenes que enseñan las formas de no dejar de insistirle a Dios hasta que nuestras situaciones Lázaro se levanten. Las tres órdenes que dio fueron. "Quitad la piedra", "Lázaro, ven fuera" y "Desatadle, y dejadle ir". Es significativo realizar todas estas acciones para que su sueño resucite.

¡QUITAD LA PIEDRA!

La primera orden fue: "Quitad la piedra" (Juan 11:39). Observe que Jesús no quitó piedra, sino que esperó que algún otro lo hiciera. Primero, el Señor quiere que quitemos nuestros obstáculos, y no siempre esperar que Él haga algo. Debemos asumir la responsabilidad de quitar de nuestra vida las piedras que nos están impidiendo vivir una vida nueva y caminar con Dios. Segundo, es un llamado para que hagamos cosas que nunca hemos hecho antes. ¿Por qué espera que quitemos la piedra o que hagamos algo que nunca hicimos antes? Para que Él pueda poner dentro de nosotros lo milagroso que se encuentra del otro lado.

Dios quiere que toda persona quite la piedra porque el resultado serán bendiciones sobrenaturales. Tan sólo una piedra separaba a María y Marta del milagro. Del mismo modo, quizás haya una sola piedra que le impide alcanzar su sueño o recibir respuesta a su oración. Jesús no la quitará; quiere que nosotros lo hagamos. Éste es otro ejemplo de lo que realmente significa no cesar de insistirle a Dios. Comience a eliminar los obstáculos que obstruyen su contacto con la unción.

Muchas veces esperamos que algo o alguien quite los obstáculos que enfrentamos. Pero vea Juan 11:41. Dice: "Entonces quitaron la piedra de donde había sido puesto el muerto". ¿Quién quitó la piedra? *Ellos* quitaron la piedra. Alguien tuvo que levantarse y decidirse a hacerlo.

Si queremos eliminar aquellas cosas que nos están separando de nuestras bendiciones, debemos hacer lo mismo. Fue responsabilidad de ellos preparar el camino para que Jesús se moviera. La razón por la cual el Señor no puede moverse en la vida de muchas personas es porque no quitan las piedras que se lo están impidiendo.

Algunas de las piedras que debemos quitar son las que permitimos que endurezcan nuestros corazones para con el Señor y su Palabra. Si quienes fueron testigos de un milagro ese día hubieran elegido ser espectadores antes que ser participes quitando la piedra, no habría habido manifestación sobrenatural.

Debemos aprender a tomar lo que es nuestro. Tenemos derecho a ser libres y a que nuestras oraciones reciban respuesta, pero significa que debemos hacer algo. Números 32:5-6 dice: "Por tanto, dijeron, si hallamos gracia en tus ojos, dése esta tierra a tus siervos en heredad, y no nos hagas pasar el Jordán. Y respondió Moisés a los hijos de Gad y a los hijos de Rubén: ¿Irán vuestros hermanos a la guerra, y vosotros os quedaréis aquí?". En este versículo, podemos ver que algunos se niegan a apropiarse de lo que es suyo. Quieren quedarse sentados mientras los demás trabajan por ellos. Los hijos de Gad y Rubén tenían una tierra que les estaba prometida, pero querían conformarse con menos porque no querían luchar por ella.

Permítame darle ánimo para levantarse y quitar todo obstáculo que le esté diciendo que usted no volverá a levantarse o que aquello por lo que está orando nunca va a suceder. El Señor está esperando que obedezcamos lo que Él dice. Se comienza cuando no cesamos de insistirle a Dios hasta ver que nuestras oraciones y sueños se manifiesten. Jesús hizo este milagro en un lugar llamado *Betania*, que significa "casa de los higos verdes" o "casa de aflicción". En otras palabras, era un lugar donde no se manifestaba ningún fruto. La resurrección de Lázaro sucedió en Betania, precisamente en el lugar de la aflicción.

Si quita los obstáculos, aun en medio de la aflicción y de la falta de fruto, su sueño se levantará. Para María y Marta, Lázaro fue el fruto que volvió a la vida y, a la larga, tocó a toda la ciudad, haciendo que muchos creyeran. Para ellas, Betania ya no fue una casa de higos verdes o de aflicción. Se convirtió en un lugar donde los sueños muertos volvían a vivir.

Dígale a su sueño que salga

La segunda orden que Jesús dio fue: "Lázaro, ven fuera" (Juan 11:43). El Señor quiere que nuestras oraciones sean contestadas y que nuestros sueños se cumplan. Quiere que salgan de la tumba. Que nuestros sueños vuelvan a vivir no nos afecta sólo a nosotros sino también a otros. Jesús dijo que Lázaro sería resucitado para glorificar a Dios. Toda la familia de Lázaro experimentaría el poder de Dios cuando un hombre muerto volviera a la vida. La resurrección de este hombre causó bastante revuelo, pero hizo que muchos creyeran en Jesús. Esto lo vemos en Juan 12:10-11: "Pero los principales sacerdotes acordaron dar muerte también a Lázaro, porque a causa de él muchos de los judíos se apartaban y creían en Jesús".

Dios quiere que seamos decididos con respecto a que nuestros sueños vuelvan a cobrar vida, para que muchos otros sean bendecidos por nuestro milagro. Al igual que Jesús, la clave es que usted tendrá que ordenarle que viva. Debe decirle que salga de la tumba. Cuando lo haga, quizás no suceda inmediatamente, pero esté seguro de que saldrá.

Antes de que nuestras oraciones, deseos, o sueños, se hagan realidad, podemos sentir un periodo de demora. María y Marta experimentaron la demora cuando Jesús esperó o retrasó su llegada dos días. Parecía que el sueño o la petición no iban a tener respuesta. Dios usó una demora para ver si estaban decididos a sacar sus sueños de la tumba. Este retraso, en última instancia, envió a los espíritus de muerte, al infierno y a la tumba el mensaje de que ya no tendrían las llaves porque, así como Lázaro resucitó, también lo haría Jesús. La demora no pudo evitar que un sueño saliera de la tumba.

También existen demoras demoníacas. Cuando Daniel oró, sus oraciones fueron demoradas durante veintiún días. (Vea Daniel 10:13.) Entonces Dios envió a su ángel Miguel para decirle que el primer día que oró, sus oraciones fueron oídas en el cielo. Un espíritu llamado el príncipe de Persia, sin embargo, había retrasado la respuesta.

Cuando oramos de acuerdo con Apocalipsis 8, los ángeles llevan nuestras oraciones ante el trono de Dios, y vuelven a nosotros en forma de respuestas en la tierra. Muchas veces cuando nuestras oraciones o sueños se demoran, no es que Dios no responda, antes bien están siendo demoradas por espíritus malignos. Estos espíritus actúan como piedras o barreras para impedir que se manifieste lo que deseamos. Entonces, debemos ordenar que nuestros sueños se cumplan o que vivan usando nuestra autoridad sobre esos espíritus. Tenemos autoridad sobre ellos para atar su influencia y ver venir nuestras respuestas.

Una tercera clase de demora se debe a nuestras propias elecciones en las que el Espíritu Santo debe ayudarnos a volver a retomar el camino con Dios. José tuvo un sueño que se vio retrasado por su no sabia elección de compartirlo orgullosamente con otras personas de su familia. Esto hizo que su sueño se demorara y que Dios construyera un nuevo camino para él. Su decisión ahora incluyó la cisterna, la cárcel, y finalmente el trono. Puede haber parecido que Dios no estaba respondiendo las oraciones de José y que lo había olvidado, pero no era así. Dios estaba rehaciendo un nuevo camino para José a causa de sus propias decisiones. Superar esta clase de demora requiere los ingredientes de la fe y la paciencia. La fe destraba la puerta y capta la atención de Dios, mientras que la paciencia demuestra que, sin importar lo que parezca a lo largo del camino, esperamos que nuestro sueño salga de la tumba.

Recuerde, el llanto de Jesús por Lázaro para que saliera no fue tan sólo un llanto por un amigo para que volviera a la vida. Mas bien fue un llanto de victoria sobre la muerte que trajo avivamiento, que significa "volver a vivir" para situaciones y sueños muertos. Todos los días debería decirle a su sueño que salga. Despierte y espere verlo acercarse a usted. A veces, puede haber demoras, pero no permita que le impidan decirle a su sueño que salga de la tumba.

Desatar y dejar ir

"Desatadle, y dejadle ir" (Juan 11:44). Ésta fue la tercera orden de Jesús. Aunque Lázaro salió de la tumba caminando, aún llevaba puestas las vendas. Era libre para experimentar una nueva vida, pero todavía tenía puestas las vendas que le ataban la cabeza, las manos y los pies. La primera parte del versículo 44 dice: "Y el que había muerto salió, atadas las manos y los pies con vendas, y el rostro envuelto en un sudario".

A menudo, actuamos igual con nuestro sueño. Aunque ha resucitado, tenemos una mentalidad de tumba. Vivimos en el presente como una vez vivimos en el pasado. Reaccionamos ante las cosas de la misma forma en que solíamos hacerlo antes de que nuestros sueños cobren vida. Estas "vendas", o hábitos, deben ser quitados, así como Jesús ordenó que se las quitaran a Lázaro. Lázaro estaba atado en tres lugares, lo cual representa las tres formas de pensar, o cárceles, en las que permanecemos aunque estemos viviendo nuestro sueño.

1. *Manos atadas*: Es todo lo que lo limita o le impide servir, luchar y trabajar en su ministerio. Cualquier cosa es difícil de lograr cuando hay algo que está limitando sus esfuerzos.

2. *Pies atados*: Esto serían las cosas que lo hacen caer. Son hábitos y pecados del pasado que vuelven para perseguirlo para que nunca logre avanzar realmente con éxito.

3. *Rostro atado*: Estas vendas estaban en la cabeza, los ojos, la boca y las orejas de Lázaro. Le entorpecían ver, hablar, oír y pensar. Su sueño puede ser manifiesto, pero usted parece no poder comprender la bendición del mismo para avanzar. Cada parte del rostro está limitada por estas vendas.

   • Ojos: no hay visión, dirección o nuevo propósito para el futuro
   • Boca: no hay capacidad para hablar y decretar la Palabra del Señor

- Oídos: no podemos oír la nueva Palabra rema de Dios, sino sólo lo negativo
- Pensamientos: no hay capacidad para pensar según una mente renovada; en cambio, piensa de acuerdo con su vida, fracasos y errores pasados

Una vez que intervinimos en el sueño que Dios nos dio, debemos "soltarlo y dejarlo ir". Nuestro destino no acaba cuando el sueño sale de la tumba, sólo recién comienza. No podemos quedarnos merodeando la tumba, gozándonos por nuestro avance pero sin poder avanzar desde allí a causa de las vendas. El diablo usará espíritus o "vendas" para atarlo de modo que su sueño esté vivo pero limitado.

Cuando Jezabel murió, solamente quedaron su cráneo, manos y pies (2 Reyes 9:35). Jezabel nos habla de cautiverio y de los lugares de nuestra vida que aún siguen atados. Lo que quedó de ella fueron los mismos lugares en que Lázaro llevaba las vendas que lo ataban (Juan 13:44). ¿Observó que Jesús fue atravesado en los mismos lugares: la cabeza, las manos y los pies? Así como los restos de Jezabel hablaban de cautiverio, ahora, en Jesús hablaban de libertad.

No tenemos que ser controlados por un espíritu de Jezabel ni atados por vendas. Es tiempo de que lo "desaten y dejen ir" para poder disfrutar el hecho de vivir en su sueño y avanzar hacia el próximo lugar que Dios tiene para usted.

Al igual que María y Marta, usted puede hacer que los sueños muertos y las oraciones no contestadas recobren vida. Quizás tenga algunos sueños muertos que al parecer nunca jamás van a funcionar. Quizás son deseos o esperanzas muertas que a esta altura ya hieden. No se ofenda y se dé por vencido o comience a culpar al Señor porque algo no sucedió de la forma que usted esperaba. Siga creyendo en su sueño y niéguese a dejar de insistirle a Dios, ¡y finalmente verá cómo sus propios sueños muertos cobran vida!

9

No te dejaré hasta que me cambies

> Entonces vinieron a Jericó; y al salir de Jericó él y sus discípulos y una gran multitud, Bartimeo el ciego, hijo de Timeo, estaba sentado junto al camino mendigando. Y oyendo que era Jesús nazareno, comenzó a dar voces y a decir: ¡Jesús, Hijo de David, ten misericordia de mí!
>
> —Marcos 10:46-47

"¡Jesús, Hijo de David, ten misericordia de mí!" Un hombre, un mendigo ciego llamado Bartimeo, clamó al Señor cuando éste salía de la ciudad de Jericó. Ésta podía ser su única oportunidad de cambiar. Tenía que asegurarse de ser oído para atraer la atención de Jesús. Gritaba con todas sus fuerzas, lo cual hizo que la multitud tratara de acallarlo. Él no iba a permitir que nada lo detuviera, y gritó aún más.

Al principio, pareció que el Señor ignoraba sus gritos o no los oía. Al parecer, tendría que vivir otro día en esa situación, sin ninguna ayuda o cambio. Estaba completamente solo, y quienes no entendían su desesperada necesidad lo menospreciaban. No se imaginaba que su momento de transformación estaba a punto de llegar. Su persistencia en pedir detuvo los pasos de Jesús, y el insignificante hombre llamado Bartimeo fue cambiado para siempre.

La historia del ciego Bartimeo nos enseña el importante principio de cómo insistirle al Señor hasta que el cambio llegue a nuestras vidas. El clamor profundo de su corazón fue: "No te dejaré hasta que me cambies". Jesús se detuvo porque una persona perseveró en el intento de captar su atención y no cesó de insistirle. Hay varias formas en las que Bartimeo buscó el cambio que necesitaba tan desesperadamente. Si seguimos su ejemplo, podemos entrar en el mismo nivel de cambio milagroso.

Se negó a cesar de insistirle a Jesús

Marcos 10:47 dice: "Y oyendo que era Jesús nazareno, comenzó a dar voces y a decir: ¡Jesús, Hijo de David, ten misericordia de mí!". Bartimeo estaba decidido a seguir tratando de alcanzar al Señor y pedirle, aunque era ciego y vivía cada día en una oscuridad que no cambiaba. Cuanto más sentía que la multitud lo estorbaba o que el Señor lo ignoraba, tanto más fuerte y audaz se tornaba. Como era ciego, no podía distinguir cuán cerca estaba de su respuesta. Sólo gritó persistentemente.

Del mismo modo, a menudo no distinguimos cuán cerca estamos de ser transformados y que tenemos a nuestro alcance el avance decisivo. Su clamor conllevaba un sentimiento de abandono. Era similar al clamor de Jesús en la cruz cuando dijo: "Dios mío, Dios mío, ¿por qué me has desamparado?" (Mateo 27.46). Solemos pensar del mismo modo, sintiendo que nadie conoce lo profundo de la oscuridad que estamos experimentando. Podría compararse con un niño perdido en una tienda, que no puede encontrar a sus padres.

La primera vez que Bartimeo "gritó" llamando a Jesús, dijo la palabra griega *boao* (Lucas 18.38), que significa gritar o clamar. Es una palabra fuerte que indica un clamor profundo y a voz en cuello. Y cuando más gente trató de hacerlo callar, él "gritó" mucho más, *krazo* (v. 39), que es una palabra griega totalmente diferente. Significa gritar en el siguiente nivel de intensidad e incluso hacer un escándalo. Ahora tenía que chillar aún más fuerte porque debía hacerse oír por encima de la multitud que le decía que se callara. Se negaba a aceptarlo. Esto es importante porque revela cómo tomó la decisión de no permitir que otros, o incluso él mismo, le impidieran ser transformado en la presencia del Señor. Inicialmente gritó fuerte, pero cuando se dio cuenta de que su momento de cambio se le podía escapar, usó un grito diferente. Fue un grito que atrajo la atención del Señor.

Él realmente quería cambiar

Marcos 10:51 dice: "Respondiendo Jesús, le dijo: ¿Qué quieres que te haga? Y el ciego le dijo: Maestro, que recobre la vista". Bartimeo no vaciló en decirle a Jesús lo que quería: quería cambiar; quería ver. Estaba cansado de andar en tinieblas y de tropezar por la vida. Esto es importante porque frecuentemente, hasta que decidamos que queremos cambiar, no lo haremos. Usted debe estar decidido a cambiar y estar insatisfecho con su estilo de vida o situación actual.

Él fue específico con respecto a lo que quería cambiar

Jesús le preguntó a Bartimeo qué quería. Su respuesta al Señor en el versículo 51 fue específica cuando dijo: "Que recobre la vista". Cuando usted es específico con respecto a qué áreas realmente quiere cambiar, muestra la diferencia entre una decisión tomada con el corazón y una tomada con la cabeza. El nivel de clamor de Bartimeo revelaba la profundidad del deseo de cambiar que tenía desde su corazón. Cuando no es específico con respecto al cambio que se desea, entonces aún no es una decisión del corazón que traerá resultados satisfactorios.

Él quería cambiar ahora

Marcos 10:46 dice: "Entonces vinieron a Jericó; y al salir de Jericó él y sus discípulos y una gran multitud, Bartimeo el ciego, hijo de Timeo, estaba sentado junto al camino mendigando". Jesús estaba saliendo de Jericó, y para este mendigo ciego era ahora o quizás nunca. Jesús iba en dirección distinta, y Bartimeo tuvo que decidir que ahora —no más tarde— era la única forma de aprovechar su momento. Él podría haber usado cualquier excusa para no apropiarse de este momento. Muchos siguen manteniendo en el mismo estilo de vida, sin cambios, porque sienten que todo debe ser perfecto —incluso ellos mismos— antes de que el cambio pueda tener lugar en su vida.

Él no permitió que los demás lo apartaran de su día de cambio

Marcos 10:48 dice: "Y muchos le reprendían para que callase, pero él clamaba mucho más: ¡Hijo de David, ten misericordia de mí!" Si Bartimeo iba a capturar su momento y hacer que el Señor cambiara su vida, no podía molestarse por lo que le dijeran los demás. Con frecuencia, el diablo usará a otros, o incluso a espíritus demoníacos para decirnos que no sirve de nada, que dejemos de orar o que no esperemos un cambio. Bartimeo quería cambiar, y otros trataron de hacerle sentir que no era su momento para hacerlo. La verdadera conversión de su vida viene cuando usted está resuelto a cambiar y no se basa en los sentimientos de otros. Sólo usted puede iniciar el cambio que lo lleva de las tinieblas a la luz.

Él se deshizo de su propia seguridad

Marcos 10:50 dice: "El entonces, arrojando su capa, se levantó y vino a Jesús". La capa de este mendigo ciego era la cobertura de un hombre ciego. Se la usaba para muchas cosas, como por ejemplo para mantenerlo abrigado, y se la extendía para que los transeúntes depositaran dinero en ella. Al arrojar su capa a un lado, reveló que estaba listo para deshacerse de su "manto de seguridad" o prenda familiar. Nos ilustra una forma de salir de nuestra zona de comodidad para depender totalmente de la nueva vida que el Señor da.

Cuando se trata de cambio, puede ser instantáneo o puede suceder progresivamente a través del tiempo a medida que tomamos decisiones para ser diferentes cada día. Jesús escogió a un hombre llamado Simón, cuyo nombre significaba "que se inclina como un junco con el viento", y lo convirtió en un Pedro, que significa "la roca". Pedro tuvo que atravesar una serie de cosas que lo transformaron de alguien que era como un junco que volaba y se inclinaba en dirección al hombre, en una roca estable que más adelante se convirtió en un poderoso apóstol del Señor.

La Biblia dice que somos transformados a su imagen. El cambio no siempre es fácil, ni necesariamente agradable. Cuando nos tomamos en serio el hecho de cambiar y ser más como Cristo, como lo hizo Bartimeo, quizás haya quienes traten de desanimarnos. Pero no podemos inclinarnos ante su influencia. Cuando Bartimeo estaba clamando, la multitud intentó influenciarlo para que se callara. Es importante estar atento por si hay gente y cosas que le dicen que se calle o que se aleje de Dios en su momento de necesidad más urgente. Siempre hay quienes tratarán de desalentar su clamor radical hacia Él y querrán que lo modere hasta silenciarlo. Es importante clamar aún más, manteniendo la influencia mundana fuera de su vida y venciendo a la oscuridad como el ciego Bartimeo. Su disposición a hacer a un lado su propia seguridad le trajo aparejado un cambio permanente.

Para qué quedarnos aquí

Había un hambre terrible en la ciudad, y el profeta Eliseo envió palabra diciendo que al día siguiente a esa misma hora el hambre acabaría. Las cosas estaban a punto de cambiar, y finalmente habría lo suficiente para comer. Fuera de las puertas de la ciudad había cuatro leprosos que comenzaron a razonar unos con otros diciendo: "¿Qué ganamos con quedarnos aquí sentados, esperando la muerte?" (2 Reyes 7:3, NVI).

Elaborando un plan, comenzaron a discutir sus opciones: "Si entramos en la ciudad, moriremos por causa del hambre; si nos quedamos dando vueltas en este lugar, también moriremos porque aquí tampoco hay nada para nosotros". Entonces decidieron entrar en el campamento sirio porque había una pequeña posibilidad de que los ayudaran. Se arriesgaron a que los mataran, pero de todos modos iban a morir, así que decidieron correr el riesgo. Calcularon que no importaba; de una u otra manera iban a morir.

Quizás ésta sea su forma de pensar. No hay muchas opciones excepto levantarse y avanzar. Estos leprosos tenían la alternativa de esperar y morir o de hacer algo al respecto. Recuerde que uno de los primeros lugares donde se genera el cambio en nuestras vidas es en nuestra actitud. Debemos hacer un esfuerzo. Estos cuatro podrían haber tenido, como muchos, una actitud de "de qué sirve". Pero su actitud de perseguir un cambio los llevó a la victoria, y también lo llevará a usted.

Estos leprosos, como el ciego Bartimeo, tuvieron que tomar la decisión de no quedarse sentados en el mismo lugar. Debían levantarse y resolver que mañana sería un nuevo día: seré diferente, seré transformado. En el ejemplo de los cuatro leprosos como en el de Bartimeo, ellos tuvieron que estar decididos a avanzar hacia el cambio. Cuando usted avanza hacia Dios y su Palabra porque no quiere quedarse igual, experimentará el cambio que anhela tan desesperadamente.

El cambio no siempre es fácil, y requiere esfuerzo. Cuando era muchacho, alguien del vecindario me había escogido para tratar de hacerme la vida imposible. Hasta que un día decidí que ya estaba harto, y fijé con mi oponente una fecha para tener una pelea oficial. Pedí que la pelea fuera más o menos un mes después para tener tiempo de prepararme. Comencé mi entrenamiento levantando pesas con diligencia durante los primeros días, pero después dejé. No pude ser constante porque no veía ningún cambio o resultado inmediatos. Abandoné. Me había comprometido a hacer algo en lo que no estaba poniendo esfuerzo, y mi falta de esfuerzo quedó revelada el día de la pelea.

Nunca voy a olvidar ese día. Vinieron niños de todas partes para ver el duelo, el cual acabó en tan sólo unos pocos segundos, ya que mi oponente ganó la batalla de inmediato. Yo había pensado que iba a verme como un físicoculturista en pocos días sin hacer lo que realmente se requiere para cambiar. punto

En nuestra vida, perdemos muchas batallas porque queremos cambiar sin entrenarnos y trabajar diligentemente para ello. He descubierto que la clave para el cambio se encuentra en un esfuerzo dedicado y constante. El hijo pródigo de Lucas 15 quería la herencia de su padre y la consiguió, pero después fue y la gastó en un estilo de vida ruin. El entusiasmo inicial de su elección de vivir en pecado a la larga se desvaneció, y tuvo que suceder algo que finalmente lo llevó al camino del cambio y la restauración. Tuvo que llegar a un lugar donde deseó el cambio sin importar lo que fuera necesario para lograrlo. Lucas 15:17 dice: "Y volviendo en sí...". Eso significa que no importaba cuán doloroso fuese, o cuánta humillación o esfuerzo requería, había llegado a su límite y deseaba un cambio. A menudo, lo único que se interpone en el camino de nuestro cambio para ser más como Jesús somos nosotros. Debemos franquearnos el paso a nosotros mismos, pero esto requiere algo de esfuerzo y trabajo.

Algunos se niegan a cambiar porque endurecen sus corazones o porque creen que no pueden cambiar. Otros disfrutan del placer de su estilo de vida pecaminoso más de lo que desean cambiar. Una vez me encontré en privado con alguien que, aunque entonces no me di cuenta, había estado en adulterio. Desconociéndolo, me senté con ellos, y compartí lo que creía ser una historia acerca de una tercera persona que estaba en adulterio y cómo Dios quería que esa persona cambiara. La compartí como un ejemplo espiritual relacionado con nuestra conversación, pero Dios estaba usando la historia para hablarle a la persona que tenía frente a mí. El Señor estaba tratando de extender su misericordia para que esta persona cambiara.

Mientras compartía la historia, brotaron lágrimas de los ojos de él porque sabía que el Señor estaba tratando de alcanzarlo y que le hablaba proféticamente a través del ejemplo de la historia. Ésta era la oportunidad para cambiar. Pero este individuo no aceptó el perdón que el Señor le estaba ofreciendo. Lamentablemente, continuó en pecado. No quería cambiar sin importar lo que tuviera que hacer.

En otra ocasión, le profeticé a una persona joven en un servicio de la iglesia, diciéndole que el Señor estaba tratando de acercarse a ella. Compartí a esta joven que ella estaba saliendo con alguien con quien no debería hacerlo, y las cosas se estaban poniendo serias. Esa persona era cristiana, pero no estaba buscando a Dios en el mismo nivel. Como señal, el Espíritu Santo incluso declaró sobrenaturalmente el nombre de la persona con la que estaba saliendo. ¡Dios quería que esta joven cambiara! Gracias a Dios, ella escuchó y cambió de parecer. No se quedó sentada sin hacer nada. Al igual que los cuatro leprosos y Bartimeo, hizo algo al respecto. Y siempre hay recompensas por cambiar en obediencia a Dios.

Siembre justicia para sí

Quizás se esté diciendo a sí mismo: "Estoy listo para hacer cambios en mi vida. Quiero ir ahora mismo a un nivel más alto en un sincero andar con el Señor que no esté mezclado con el pecado o la transigencia". Quizás es un cambio como el de Bartimeo que lo lleva a la victoria en un área de desánimo y fracaso. Una clave para su decisión se encuentra en Oseas 10:12, que dice: "¡Siembren para ustedes justicia!"(NVI). Esto habla de una continua decisión de plantar semillas de justicia en su vida.

¿Qué significa eso exactamente? Primeramente, Jesús enseñó que en el Reino todo se basa en el principio de sembrar una semilla. Sembrar para sí mismo significa que cada día usted toma pequeñas decisiones de hacer lo correcto. Cada decisión es como una pequeña semilla que se siembra. Para sembrar justicia en sí mismo, usted toma "decisiones semilla" de vivir rectamente, de pensar rectamente, de tener actitudes correctas y tomar decisiones correctas que traerán cambios para que usted se vaya pareciendo más a Cristo.

La semilla que plantemos cada día en nuestras vidas será la que traiga fruto duradero y gratificante. Mucha gente quiere vivir una vida que agrade al Señor, pero se encuentran tropezando y fracasando con las mismas cosas. Son las decisiones y la disciplina de cada día las que nos ayudarán a agradar a Dios en nuestro andar con Él. Elí, un sacerdote de la Biblia, fue tratado severamente por Dios por causa de sus hijos indisciplinados que pecaban abiertamente a la vista de todos. Esto entristecía al Señor, y no estaba contento con las decisiones de Elí de permitir que continuara. No hacía cada día las cosas necesarias para traer los cambios apropiados que necesitaban su vida o las de sus hijos.

Cuando tomamos la decisión diaria de sembrar justicia para nosotros mismos, seremos desafiados. Sí, a menudo fracasaremos e iremos a Dios para arrepentirnos por enésima vez. Quiero animarlo con respecto a algo con lo cual el Señor me ayudó, algo relacionado con otro creyente al que yo realmente parecía no poder soportar. El Señor no dejaba de hablarme al respecto porque esto no le agradaba.

Decidí tratar de cambiar, pero en mis propios términos y a mi propia manera. El problema era que yo tenía el control en lugar de Dios. Seguí fallando en eso hasta que, finalmente, ya no pude resistir la convicción.

Finalmente, dije: "OK, Señor, lo siento". El Señor volvió a hablarme y dijo: "No estoy buscando: 'Lo siento otra vez', Hank, sino más bien: 'Señor, me arrepiento'." Le pregunté al Señor la diferencia entre ambos. Me dijo que cuando venía a Él disculpándome repetidamente, no era arrepentimiento: lamentaba mi actitud, pero no tenía intención permanente de cambiarla. El verdadero arrepentimiento es distinto. No es tan sólo: "Lo lamento porque me siento mal, pero, cuando se dé la oportunidad, es posible que lo vuelva a hacer". Eso es una disculpa. El arrepentimiento es lo que Dios busca. Él quiere: "No me gusta este pecado; me arrepiento y cambio de dirección". Significa que usted da un vuelco completo a su vida.

Ahora bien, quizás usted diga: "Estoy tratando de arrepentirme, pero al parecer no puedo cambiar después de arrepentirme". Juan el Bautista llamó a muchos al arrepentimiento. En su llamado nos dio una muy valiosa pepita de esperanza para ponerse firme cuando se trata del arrepentimiento. En Mateo 3:8, dijo: "Haced, pues, frutos dignos de arrepentimiento". En otras palabras, estaba diciendo que tengamos en nuestra vida fruto que muestre que realmente nos hemos arrepentido. Bien, la única forma de tener fruto duradero es comenzar con semillas. En el Reino, todo tiene que ver con semillas. Una vez más, el verdadero arrepentimiento viene por la elección cotidiana de semillas que a la larga crecen hasta convertirse en el fruto permanente de una vida transformada.

Es la decisión diaria de "Señor, no voy a continuar pecando por mis decisiones hoy", lo que traerá los resultados que queremos. Eso fue lo que hizo el ciego Bartimeo. Tuvo que tomar una decisión que lo sacaría de la oscuridad de vivir ciego y lo llevaría a la luz de ser sanado. Comenzó con su decisión de clamar a Jesús aquel día hasta cambiar.

Cuando estaba en la escuela primaria, una vez tuve un trabajo que requería arrancar malezas que crecían entre algunas rocas sobre un lado de una enorme colina. La colina estaba detrás de una empresa donde trabajaba mi papá. Había tanta maleza que arrancarla podía llevarme potencialmente el verano entero. En lugar de rociar la colina con herbicida, nos contrataron a mi hermano y a mí para arrancarla. Recuerdo el primer día que presentamos nuestras cajas con malezas para mostrar cuántas habíamos sacado. El jefe de nuestro papá miró las cajas y preguntó: "¿Dónde están las raíces?". Nos pagaban por caja y habíamos arrancado la parte superior en lugar de llegar a las raíces. Habíamos tomado atajos para que nos pagaran más pronto. No llevó mucho tiempo darse cuenta de eso; como no llegábamos a las raíces, la maleza volvió a crecer hasta que quedamos exhaustos por nuestro esfuerzo bajo el caliente sol del verano.

Desde una perspectiva espiritual, muchos quieren hacer lo mínimo indispensable para cambiar sin llegar nunca a la raíz del problema. Vuelve una y otra vez porque nunca llega al origen. Usted debe arrancar las malezas antes de poder plantar flores. Cuando elegimos en nuestros corazones tomar decisiones cotidianas que lleguen a la raíz, nos posicionamos no para una "colina de malezas", sino más bien para una vida llena de fruto abundante que traiga gloria al Señor.

CUANDO USTED ESTÁ SOLO

Una de las mejores formas de iniciar el cambio en nuestras vidas es tomar decisiones correctas cuando no nos observa nadie más que Dios. Es lo que elegimos hacer cuando estamos solos. La verdadera prueba de un hombre no es lo que hace cuando está frente a muchos, sino más bien lo que es cuando está solo. Al diablo le encanta atacar a la gente cuando está sola para sembrar cosas en sus vidas o convencerla de que nunca va a cambiar. La Biblia nos habla acerca de mucha gente que estuvo bajo ataque cuando estaba sola. Satanás esperaba estas oportunidades para tentarlos a fallar.

- *David y Betsabé*: "...en el tiempo que salen los reyes a la guerra..." (2 Samuel 11:1). Se suponía que David debía salir a la batalla, pero en cambio se quedó. Esa decisión lo expuso a perder otra batalla en su propia vida por medio de la tentación de cometer adulterio con Betsabé. Cuando estuvo solo, no protegió las puertas de sus ojos y cedió a su deseo carnal de pecar.

• *Eva, cuando fue tentada con el fruto prohibido*: "Pero la serpiente era astuta, más que todos los animales del campo que Jehová Dios había hecho; la cual dijo a la mujer: ¿Conque Dios os ha dicho: No comáis de todo árbol del huerto?" (Génesis 3:1). El diablo atacó a Eva mientras estaba sola y la llevó a cuestionar la Palabra de Dios. Como resultado, no obedeció lo que Dios dijo. En cambio, razonó con el diablo, comió del árbol, y convenció a su esposo de que hiciera lo mismo.

• *José y la esposa de Potifar*: "Aconteció después de esto, que la mujer de su amo puso sus ojos en José, y dijo: Duerme conmigo. Y él no quiso, y dijo ... '¿cómo, pues, haría yo este grande mal, y pecaría contra Dios?'" (Génesis 39:7-9). Es triste decirlo, pero hay mucha gente que no habría sido tan honorable como José si hubiera estado en la misma situación. A diferencia de David, sin embargo, él ganó la batalla interior, lo cual revela algo de su vida. Cuando nadie lo observaba, escogió tomar la decisión correcta y evitar el pecado. Le importaban mucho los sentimientos del Señor sobre el respecto. ¿Cuántos de nosotros somos como José en el hecho de que nos preocupa o que somos conscientes de cómo se siente el Señor con respecto a nuestra decisión de pecar? José es la prueba de que podemos vencer las tentaciones privadas. Él sembró justicia para sí mismo en las decisiones cotidianas y por tanto no cedió a la tentación. La convicción interior de hacer lo correcto fue más fuerte que la voz que lo llamaba a través de la esposa de Potifar. Esto es admirable porque la Biblia dice que ella no cesaba de insistirle al respecto. Génesis 39:10 dice: "Hablando ella a José cada día, y no escuchándola él para acostarse al lado de ella, para estar con ella". En cambio, él buscaba constantemente la puerta de escape. David no buscó una puerta para escapar de su tentación sexual. Se quedó contemplándola e invitó a Betsabé a su casa. Aquello que no queramos resistir y que luego invitemos a nuestras vidas, a la larga nos destruirá. Pero al igual que José, podemos decir: "¡No pecaré contra Dios!". Todo comienza con nuestra determinación a cambiar y vencer.

• *Sansón y Dalila*: "Después de esto aconteció que se enamoró de una mujer en el valle de Sorec, la cual se llamaba Dalila" (Jueces 16:4). Sansón flirteaba con el pecado pasando tiempo a solas con una prostituta llamada Dalila. Nunca debió haber estado a solas con ella. Aquello que permitimos que consuma la mayor parte de nuestro tiempo cuando estamos solos revela cuál es nuestro interés o afecto más importante. Sansón no escuchó la voz de la convicción, como hizo José. En cambio, puso su afecto en la voz de Dalila que lo llamaba. Sansón puede haber tenido fuerza externa, pero le faltaba fuerza interior para decir: "¡No!".

De todos estos ejemplos bíblicos, el único que venció su tentación fue José. Quienes cayeron lo hicieron porque cedieron a su carne. El enemigo no ha cambiado sus métodos de tentar. Sigue usando los deseos de los ojos, los deseos de la carne y la vanagloria de la vida. Primera de Juan 2:26 dice: "Porque todo lo que hay en el mundo, los deseos de la carne, los deseos de los ojos, y la vanagloria de la vida, no proviene del Padre, sino del mundo".

En este mundo, hay cosas que el diablo usa para alejarnos de Dios. Satanás las usó con Eva en el huerto cuando la tentó a comer del árbol. Miró el árbol y vio lo agradable que era. Entonces deseó sus beneficios. Finalmente, la vanagloria de la vida la llevó a comerlo.

Observe que el diablo intentó las mismas cosas con Jesús cuando lo tentó. Usó los deseos de los ojos, los deseos de la carne y la vanagloria de la vida, y Jesús resistió cada uno de sus esfuerzos. Usted tiene el mismo poder sobre el enemigo para resistir la tentación y vencerla. Primera de Corintios 10:13 nos dice que siempre hay una vía de escape cuando somos tentados. Tan sólo tenemos que buscar esa puerta. Debemos buscar una forma de resistir y escapar de la tentación. Según la Biblia, siempre hay una ruta de escape al alcance. A veces, necesitamos imponernos manos en nuestra propia cabeza y decir: "¡No! Al igual que José, no voy a pecar contra mi Señor". Un día le pregunté al Padre qué le agradaba de Jesús. Sé que tenía muchas cosas, pero su respuesta realmente me bendijo. Él dijo: "Lo que me encanta de mi Hijo es que amó la justicia y odió el pecado". (Vea Salmo 45:7.) ¿Sabe que si al Señor le agradó eso de Jesús, entonces también le agrada de usted? Éste es otro componente básico del hecho de no dejar de aferrarnos a Dios. Construimos en nuestro corazón un fundamento firme que abomine el pecado en la forma que Dios lo abomina.

Cuando nacimos de nuevo, la Biblia dice que nos convertimos en nuevas criaturas en Cristo Jesús. Nuestro hombre espiritual fue recreado en Cristo, pero seguimos viviendo en un cuerpo pecaminoso, mortal y terrenal. Por lo tanto, tenemos dos naturalezas. Una es una naturaleza carnal pecaminosa llamada el viejo hombre o nuestra carne. La otra es una nueva naturaleza, espiritualmente renacida, llamada el nuevo hombre. La que más alimentemos y nutramos será la dominante. Si alimentamos al viejo hombre a través del apetito por las cosas carnales, entonces se tornará más fuerte y a la larga dominará nuestras acciones. Por otro lado, si alimentamos al nuevo hombre con cosas espirituales como la Palabra de Dios, la adoración, y la oración, entonces será él quien domine.

Cada uno de nosotros tiene dos naturalezas. Es por eso que Dios les cambió el nombre a algunas personas de la Biblia. Era una imagen del cambio. Fueron personas cambiadas. Hallamos que Abram se convirtió en Abraham, Sarai cambió por Sara, Simón por Pedro, y Saulo se convirtió en el apóstol Pablo, por nombrar sólo algunos.

Podemos vencer a nuestra vieja naturaleza carnal de pecado cuando decidimos caminar en el espíritu y vivir un estilo de vida espiritual. No deje de insistirle a Dios o a usted mismo al respecto.

Es tiempo de hacer un cambio. Pruebe algunas de las siguientes cosas para ayudarse a vencer su naturaleza carnal y promover el cambio.

- Entre en la presencia de Dios a través de la oración y la adoración.
- Siembre para sí justicia por medio de las decisiones cotidianas.
- Vea su vieja naturaleza como algo muerto. Piénselo; un hombre muerto no peca.
- Póngase las nuevas maneras de Cristo así como se pone la ropa.
- Mate de hambre a su naturaleza carnal y alimente su espíritu.

ESPERE EL CAMBIO

La razón por la que algunas personas nunca cambian es porque cuando le piden a Dios un cambio, en realidad no lo esperan. Hay otros que esperan resultados inmediatos que generalmente no se manifiestan enseguida. El cambio es un proceso, y usted debe tomar diariamente la decisión de verlo y andar en él. La sanidad del ciego Bartimeo requirió que abrazara un estilo de vida totalmente nuevo. Todos sabían que era ciego, así que ahora esperarían que usara su nueva visión para algo productivo. Esto significaría que necesitaría una nueva ocupación y nueva vestimenta. Puede haber significado que tuviera que aprender un negocio u oficio. Su experiencia con Jesús requirió que cada área de su vida alcanzara un nuevo lugar de cambio y estándar de vida.

Esto también se aplica a aquellos de nosotros que una vez anduvimos en tinieblas y ceguera espirituales antes de conocer al Señor. Para poder andar ahora en la verdadera luz de su Reino, todo cuanto nos atañe debe conformarse a sus caminos. Se espera de nosotros que vivamos como los que pueden ver.

Ahora bien, el cambio no siempre es fácil. Me hace acordar a gente que lleva el mismo corte de cabello o estilo de ropa durante años, y todos menos ellos saben que está pasado de moda. El problema es que no están abiertos a ningún cambio o sugerencia. La verdad es que no quieren cambiar. Nos sentimos cómodos con lo que somos y como hemos estado viviendo, ya sea bien o mal. La gente se acostumbra demasiado a su forma de vivir y se vuelve resistente al cambio.

Cuando nuestra iglesia y ministerio realmente comenzaron a crecer, el Señor me recalcó que comenzara a esperar cambios. Me hizo saber que lo que ayer daba resultado podría no funcionar hoy. Usted debe seguir alcanzando nuevos niveles en Él. Esto requiere trabajo y disposición para cambiar según lo que el Señor quiere. Cierto día recogí algunas monedas sueltas que encontré, y estas piezas sueltas de "cambio" una vez más me hicieron pensar en cambios flamantes, nuevos que venían del Señor. Literalmente, comencé a notar que en todo lugar adonde iba encontraba cambio, monedas sueltas, en el suelo. Pensé: "Guau, es interesante esto de encontrar cambio suelto continuamente". Entonces recordé que el Señor había dicho que esperara cambio. Pronto me di cuenta de que Él estaba usando estas monedas para recordarme del cambio que estaba haciendo en mi vida, en nuestro ministerio, y en la congregación de la iglesia.

Si pedimos que Dios nos cambie, debemos esperar que Él ponga manos a la obra de inmediato. Un día le profeticé a una persona y describí lo que el Señor me mostraba con respecto a las personas de quienes se rodeaba. Le dije, por el Espíritu Santo, lo que había hecho dos días antes y describí a la gente con la que él estaba. Le dije que el Señor decía que si no cambiaba su decisión de estar con esas personas, eso lo llevaría a la cárcel. Dios realmente lo ministró y, gracias a Dios, tomó la decisión de cambiar, aunque se requería algo de su parte. Las demás personas con quienes había estado se metieron en problemas, pero no esta persona. Tomó la decisión correcta de cambiar ¡y hoy está ejerciendo el ministerio! Debemos desear y esperar cambiar regularmente cuando andamos con Dios.

Cuando Dios realmente lo cambie, su vida tendrá la prueba de ello. Observemos nuevamente al ciego Bartimeo para ver algunas de las cosas que su cambio milagroso hizo por él.

Conversión genuina

Marcos 10:46 se refiere a él como "Bartimeo el ciego". Tuvo que convertirse a una identidad totalmente nueva. Pasó de vivir en la oscuridad, o la carne, a una vida de visión. Ya no podían llamarlo ciego. Fue ciego, y ahora podía ver. Eso es conversión. Estar realmente convertido es hacer de Jesús su Señor y no solamente recibirlo como Salvador. No es meramente decir una oración y seguir viviendo sin cambiar.

Verdadero discípulo

Marcos 10:46 dice que "estaba sentado junto al camino mendigando". El versículo 49 ordena: "Levántate, te llama". Y el versículo 50 afirma que Bartimeo "arrojando su capa, se levantó y vino a Jesús". Pasó de estar sentado y mendigando a levantarse y seguir a Jesús. Esto es discipulado: negarse a sí mismo, dejar de mendigar limosnas, y elegir seguir a Cristo.

Verdadero adorador

Lucas 18:43 dice: "Y luego vio, y le seguía, glorificando a Dios". Bartimeo pasó de pensar sólo en sí mismo a alabar al Señor "glorificando a Dios". Se convirtió en adorador en lugar de mendigo. La mentalidad de mendigo es cuando todo gira alrededor de ellos. Pero la mentalidad de un verdadero adorador es cuando todo gira alrededor de Él.

Verdadero testimonio

Lucas 18:43 también nos dice: "Y todo el pueblo, cuando vio aquello, dio alabanza a Dios". Bartimeo se convirtió en un testimonio del poder del Señor y de una vida transformada. Una vida transformada testifica de Jesús. Habla de su bondad y poder para evangelizar a la gente.

Todo esto —conversión, discipulado, adoración y testimonio— son evidencias de que existe un cambio auténtico.

Arroje sus viejas vestiduras

Una vez que el ciego Bartimeo hizo la escena que hizo gritando a voz en cuello por el Señor, logró que Jesús detuviera sus pasos. Marcos 10:49 dice: "Entonces Jesús, deteniéndose...". Hubo algo en el clamor de Bartimeo resuelto a no cesar de insistirle a Dios que hizo que Jesús se detuviera y satisficiera su necesidad. Si usted clama con un corazón que genuinamente desea cambiar a toda costa, el Señor le prestará atención.

Al principio, parecía que el Señor no lo oía pero, en efecto, Jesús estaba escuchando, y este hombre estaba a punto de ser transformado para siempre. Sin embargo, lo que provocaría un cambio permanente no era sólo el clamor. Se requería una acción de parte de Bartimeo. Era una decisión a largo plazo del corazón que debía revelarse por sus acciones. Recuerde, Marcos 10:50 decía que arrojó su capa y fue a Jesús. Representaba un acto físico de hacer a un lado un viejo estilo de vida.

Una decisión de cambiar sin acción no le traerá los resultados que desea. Bartimeo tuvo que estar decidido a no permitir que el Señor se alejara de él, por lo que tendría que hacer algo al respecto. Así como la piedra de Lázaro que alguien movió para traer una nueva vida, Bartimeo tuvo que quitarse la vestimenta de una vida vieja. Muchos viven bajo las prendas de viejas formas de pensar, hábitos, decisiones y acciones que deben hacerse a un lado y ser transformadas a imagen del Señor.

Estaba ministrando en un servicio y el Espíritu Santo me hizo hablarle a un hombre que estaba en la última fila de la iglesia. Él no estaba realmente muy seguro de esto de ser "lleno del Espíritu Santo". Entonces, le dije que el Señor quería mostrarle que era real y que estaba a punto de darle una señal sobrenatural que cambiaria su vida. Le dije: "Señor, ¿es ésta la marca de cigarrillos que tiene en el bolsillo?". Y le nombré una marca de cigarrillos. Inmediatamente se lo vio impactado y dijo: "Sí, señor". Le dije que el Señor lo amaba y que quería ayudarlo a dejar de fumar si lo deseaba. Pero más que eso, Dios quería cambiar su vida entera. En ese momento, podría haber vuelto al temor en ese punto y aferrarse a su vieja "prenda" que le resultaba familiar. En cambio, se levantó y se quitó su antiguo estilo de vida para ser gloriosamente transformado por el Señor.

El cambio es algo con lo que debemos comprometernos cada día de nuestra vida cristiana. No es algo que se decide de una vez y para siempre. Usted siga tomando la decisión de progresar con el Señor. ¡Al hacerlo, será una persona que no deje de insistirle a Dios hasta ver el cambio!

10

No te dejaré hasta que mis problemas cesen

> Pero una mujer que desde hacía doce años padecía de flujo de sangre, y había sufrido mucho de muchos médicos, y gastado todo lo que tenía, y nada había aprovechado, antes le iba peor, cuando oyó hablar de Jesús, vino por detrás entre la multitud, y tocó su manto.
>
> —Marcos 5:25-27

La mujer de este versículo tenía sus ojos fijos en el Único que podía poner fin a doce años de dolor. Nadie había podido ayudarla, ni siquiera los médicos. Ahora, después de haber gastado todo el dinero que tenía sin recibir ninguna mejora, estaba desesperada. Para ese entonces, ya era frágil, pero estaba decidida a no cesar de insistirle a Dios. Decidió que si sólo pudiera acercarse lo bastante para tocar el mismísimo borde de su manto, eso sería suficiente.

El único problema al que se enfrentaba para hacer que eso sucediera era la gran multitud que se interponía entre ella y el Señor. ¿Cómo podría llegar a Jesús cuando estaba tan débil a causa de años de hemorragias? No tenía la fuerza ni la ventaja que tenían otros que acudían en masa a Jesús. Mientras la empujaban, la hacían caer, le daban codazos y empellones, mantuvo los ojos en su objetivo. Todo lo que quería era que su problema cesara.

Empeñándose con todo su ser, se abrió paso a la fuerza hacia Aquél que tenía el poder para sanarla. ¿No podía nadie ver que su situación merecía un trato especial y ayuda para adelantarse en la fila? Sin embargo, no sería así. Para hacer las cosas aún más desafiantes, debido a su condición se la consideraba impura según la Ley. La multitud de gente que se apretujaba buscando lo mismo que ella, la menospreciaba. ¿Cómo podrían tener alguna importancia los problemas de su vida en presencia de tanta gente? Ella seguía intentando llegar y avanzar paso a paso, sólo para ver cómo la mera magnitud del gentío interrumpía constantemente sus esfuerzos.

Quizás esto le suene familiar: "Habiendo tanta gente sobre la tierra, ¿cómo puede el Señor sentir que mis necesidades son significativas? Seguramente desea atender asuntos más importantes". Quizás usted haya seguido adelante, resuelto como esta mujer a no dejar de insistirle acerca de su problema. Ha continuado, sabiendo que en su vida nada es más importante que lograr que los años de dolor, lucha y desesperanza terminen, con sólo tener una experiencia con el Señor. Las circunstancias de la vida y un enemigo que no quiere que usted tenga su momento con Jesús lo han apartado a empujones, lo han sacado a codazos, y le han dado empellones. Como resultado, no ha mejorado nada sino que está empeorando.

¡Hay esperanza para usted! Esta mujer que persiguió un milagro inmediato nos muestra un ejemplo que podemos aplicar para que nuestros problemas se detengan.

La Biblia nos dice en Lucas 8:40 que la gente había estado esperando que Jesús llegara. Estaban entusiasmados y esperaban que el Señor se presentara. Así se sienten muchos. Están esperando que el Señor venga y se ocupe de sus asuntos. Algunos han sido como esta mujer, han tenido problemas por años. Quizás algunos de sus problemas estén relacionados con las finanzas, la salud, el matrimonio, la familia, los hijos, el trabajo o la iglesia, y parecen no irse jamás. Usted está desesperado porque el Señor aparezca y haga algo.

Esta mujer había gastado todo su dinero en su afección, pero jamás mejoró. Necesitaba una visita de Jesús. No obstante, a diferencia de la gente de Lucas 8.40, ella no esperó que Él se presentara. Decidió hacer algo al respecto. Podría haber cedido ante todos los obstáculos que se le presentaban. Observe los obstáculos que debemos evitar, que mantendrán nuestros problemas sangrando y con hemorragias:

- *Palabras equivocadas*: Fácilmente ella podría haber hablado de todos los aspectos negativos de su situación. Cuando usted está incomodo o dolorido, es fácil caer en esa trampa. Sin embargo, la jornada hacia el fin de su problema comenzó con sus palabras. Mateo 9:21 dice: "Pensaba: 'Si al menos logro tocar su manto, quedaré sana'" (NVI). Según Proverbios 4.20-23, la Palabra de Dios produce las fuerzas mismas de la vida. Cuando la declaramos con nuestra boca, afectará nuestra situación para siempre. Nunca debemos olvidar que somos los profetas de nuestras propias vidas. Aquello que declaremos sobre nosotros mismos sucederá.

- *Aceptación de la situación*: Esta mujer sufrió durante doce años, o ciento cuarenta y cuatro meses, sin ayuda a la vista. El paso del tiempo podría haberle enseñado a aceptar que debía haber sido la voluntad de Dios para ella que fuera de esta manera. Los médicos decían que no había nada que pudieran hacer. Pero ella no aceptó su situación. Decidió ponerse en acción y hacer algo. No iba a cesar de insistirle a Jesús y dejarlo pasar sin recibir un milagro.

- *Desánimo provocado por la gente y las circunstancias que nos rodean*: La mujer fácilmente podría haber dicho: "La multitud es demasiado grande y podría salir herida". Lo cierto es que la multitud era grande, y se estaba arriesgando a que la lastimaran al meterse en medio de ella. No permitió que eso la detuviera, y no usó como excusa las circunstancias que la rodeaban. La gente y las circunstancias que lo rodean pueden hacerlo desistir de intentarlo. Pueden estorbar la respuesta a sus problemas actuando como barrera entre usted y su avance.

- *Autoaislamiento:* La Biblia no dice que hubiera llevado consigo a alguien que la ayudara. Estaba sola para ir tras su milagro. Era impura para todos los que la veían, y probablemente la juzgaban por ello. Podría haberse aislado a causa del temor y la intimidación, pero en cambio vino a Jesús buscando una solución para su problema.

- *Autocompasión:* Fácilmente, podría haber hecho un discurso autocompasivo y usado la excusa de que nadie entendía cómo se sentía. ¿Era real su dolor? Sí. ¿Era seria su situación? Sí. Pero no iba a seguir sintiendo lástima de sí misma y posiblemente perderse su sanidad. Tuvo que mirar por encima de sus sentimientos presentes y ver un milagro futuro. No lloró ni se quedó en su casa esperando que Jesús viniera a ella y después usar eso como excusa de por qué no recibió nada. No, ella fue contra toda posibilidad y persiguió su bendición hasta obtener lo que quería.

Desesperanza: Habiendo tratado de hallar una cura durante los últimos doce años, también podría haber caído en un estado de desesperanza. A veces, cuando sentimos que hemos probado todo lo posible, no estamos dispuestos a considerar una cosa más. Ya deja de importarnos después de muchos intentos fallidos y con una cuenta bancaria vacía. Ella decidió considerar las cosas que la gente decía de Jesús como algo más que un simple rumor u otro intento fútil de cura. No cedió a la desesperanza, sino que decidió seguir en busca de su avance decisivo.

Cierta vez salí a predicar a las calles que rodean el auditorio de la ciudad justo cuando terminaba un recital de rock. Estaba con un equipo de evangelización callejero y decidimos esperar a que el concierto finalizara para que la gente viera nuestro ministerio no como una protesta sino como una forma de alcance. La noche anterior al recital, oí al Espíritu Santo decirme que fuera y orara alrededor del auditorio para preparar el terreno para ministrar. Hice como lo ordenó.

Apenas terminó el recital, comenzamos a acercarnos a la gente con el evangelio. Decidí treparme a un muro de contención mediano y comencé a llamar a la gente que pasaba y a predicarle. La unción del Espíritu Santo era fuerte, y la gente comenzó a escucharme. Al principio, me sentí un poco incómodo por el tamaño de la multitud y porque, ciertamente, ésta no era una reunión cristiana de predicación.

Hacia el final de mi predicación, observé un pequeño tumulto en la parte de atrás de la multitud mientras un hombre se acercaba hacia mí tambaleándose con dificultad, debido al gran número de gente. Finalmente, llegó después de hacer bastante esfuerzo, empapado en sangre desde la cabeza hasta el pecho. Alguien le había roto un vaso en la cabeza, y estaba visiblemente borracho. Mientras me miraba, extendí mi mano para orar por él. Me hizo acordar a la mujer con el problema de la hemorragia que se abrió paso a empujones para recibir su milagro. Me incliné sobre la pared y toqué a este hombre, reprendiendo al diablo para que saliera de su vida, y luego ordené que la hemorragia se detuviera. Comenzó a caer bajo el poder mientras algunos miembros del equipo lo sostenían. De inmediato, el problema del sangrado se detuvo, y se puso sobrio. ¡Qué tremendo! Eso fue increíble, y pude llevar a muchos otros a Cristo porque vieron un milagro con sus propios ojos.

Dios no ve que la situación de usted sea diferente de la del hombre a quien ministré en la multitud ese día, o incluso de la situación de la mujer con el problema de hemorragia. Lo que el Señor hizo por ellos, lo hará por usted si continúa tratando de alcanzarlo. Sin importar lo que esté enfrentando, avance empujando hacia delante y no deje de insistirle a Dios hasta que su milagro llegue.

Nada mejora, más bien empeora

Cuanto más trataba de conseguir ayuda esta mujer con el flujo de sangre, tanto más parecía empeorar su afección. Ahora su única respuesta era tocar a Jesús. Marcos 5:26 dice que ella "había sufrido mucho de muchos médicos, y gastado todo lo que tenía, y nada había aprovechado, antes le iba peor". Qué sensación de desesperanza cuando no queda nadie que lo ayude y la situación va de mal en peor.

Esta mujer había alcanzado ese punto en su vida. Los doctores son médicos que en realidad no tienen el verdadero poder para sanar a nadie aparte de Dios. Simplemente practican la medicina. Esta mujer no tenía a nadie a quien recurrir sino a Dios. Solamente Él tenía la respuesta. La única forma de evitar la espiral descendente de empeoramiento de las cosas estaba en su decisión de no dejar de insistirle a Dios. Los ojos de ella estaban sobre Él para tocarlo.

Cuando usted siente que está en una situación que sólo parece empeorar, es —más que nunca— el momento de mantener sus ojos fijos en Jesús. En su desesperación, algunas personas comienzan a buscar otras cosas que los hagan felices o den respuesta a los problemas de su vida. Parece que el Señor está demasiado lejos, y que será difícil captar su atención. ¿Qué medidas tomará usted mientras su situación empeora? Con todo lo que sucede en el mundo hoy, la gente necesita darse cuenta de que las cosas no harán más que empeorar si tratan de seguir resolviendo sus problemas sin Dios y comprometerse seriamente con Él.

Una vez, había ido al médico por una tos muy seria que parecía empeorar después de cada visita. Era una tos persistente que los doctores decían era alguna clase de virus, pero al parecer no sabían lo que era o si podían curarla. Sólo seguían dándome medicinas para tratarla. Literalmente, tosía de forma violenta e incontrolable con cualquier cambio de temperatura: al entrar y salir de la ducha, ir afuera con el clima invernal. La risa también provocaba esos episodios. Finalmente, empeoró mucho, y tosía tan violentamente que terminaba por vomitar. Era horrible.

Ahora, recuerdo con cierto humor un episodio en que llevé a mi esposa a cenar a un bonito restaurante. Hacía mucho frío esa noche, así que ni bien salimos de allí, me atacó uno de estos episodios. Vino tan repentinamente, que no tuve más opción que inclinarme y vomitar todo lo que había cenado en los arbustos que había junto a la puerta de entrada del restaurante. Esto sucedió mientras otra pareja entraba a comer. Estoy seguro de que se preguntaron qué clase de comida servían aquí.

Los médicos me decían que debía seguir probando diferentes tipos de píldoras porque no sabían bien qué enfermedad era. Recuerdo mi sentimiento de desesperanza mientras conducía a casa una noche desde el consultorio del doctor. Al fin le dije a mi esposa, Brenda, que ya estaba harto. No quería pasar el resto de mi vida tomando medicinas. Sólo cuando nos enojamos justificadamente con el diablo, nos pusimos tenazmente firmes con respecto a nuestro pacto de sanidad con Dios. Yo iba empeorando, y necesitaba ir a Dios e insistirle hasta lograr un avance. Brenda y yo sacamos nuestras Biblias y le profetizamos y declaramos la Palabra de Dios a mi afección. Entonces cada vez que comenzaba a toser, ordenábamos al problema que se detuviera en el nombre de Jesús. Después de un corto periodo de no cesar de insistirle a Dios al respecto, vino la victoria. Pero tenía que ver que, en una situación que no hacía sino empeorar, necesitaba perseguir las promesas del Señor y estar bien afirmado en ellas.

La Biblia nos cuenta, en 1 Samuel 30, de un tiempo en la vida del rey David en que debió enfrentar un problema que no podría haber sido peor. Acababa de llegar a su casa con muchos de sus valientes después de pelear una batalla en Siclag. Cuando llegaron, descubrieron que un enemigo había incendiado sus casas y había secuestrado a sus esposas e hijos.

¿Qué iban a hacer? Estaban tan angustiados ante tan horrendo panorama que comenzaron a llorar. ¿Estaban sus familias siquiera con vida? La situación era tan mala que los valientes de David hasta consideraron la posibilidad de apedrearlo por lo que les había sucedido a sus hogares y familias. Habían sido tan leales para pelear batallas, muchas con él, pero ahora le echaban la culpa. Sin embargo, David hizo algo que transformó este día malo en bueno y que detuvo esa terrible cuestión. Ésta es la clave para usted y para mí a medida que, como la mujer con su problema, avanzamos hacia nuestra victoria.

La clave fue que David no siguió llorando: corrió hacia Dios en medio de este terrible problema. Recorrió el camino para tocar al Señor. Enfrentó sus problemas con la ayuda del Señor, y así fue capaz de fortalecerse a sí mismo. (Vea 1 Samuel 30:6.) En el Señor, encontró la fortaleza para manejar este gran problema. Como resultado, encontró la respuesta que estaba buscando para resolver la cuestión. La respuesta que Dios le dio a David para resolver el problema no fue que se replegara, sino que buscara, se adelantara y recuperase todo lo que le fue robado. David hizo exactamente tal como el Señor le dijo, y los problemas se detuvieron. Toda la propiedad robada fue devuelta porque puso su confianza en el Señor durante una mala situación.

Lo asombroso es la significación profética de los valientes de David. Vale la pena que examinemos más profundamente el hecho de que quisieran apedrearlo durante un problema, pero que igualmente hayan sido parte de la solución para superar dicho problema. Ellos tenían algunas poderosas cualidades que necesitaremos si nosotros también vamos a ser capaces de frenar los problemas. Adino, Eleazar, Sama y Benaía eran hombres a quienes Dios les concedió la victoria por sus áreas de competencias especiales mencionadas en 2 Samuel 23:

Adino: "Mató a ochocientos hombres en una ocasión" (v. 8). No se dio por vencido en ningún momento, no después de matar a cincuenta, cien, doscientos, o incluso quinientos. No abandonó. Lo superaban en número 800 a 1. Ni siquiera se dio por vencido cuando tenía todas las probabilidades en su contra. Su negativa a rendirse al enemigo y al sentimiento de ser superado en número lo llevó a la victoria. Podemos aprender de este guerrero, Adino, así como podemos hacerlo de la mujer con el flujo de sangre cuyas chances de tocar a Jesús eran pocas con tanta gente delante de ella. Ninguno de ambos se dio por vencido cuando tenían todo en contra, y usted tampoco tiene que hacerlo.

Eleazar: "Hijo de Dodo ... hirió a los filisteos hasta que su mano se cansó y se le quedó pegada a la espada" (v. 9-10, RV95). Nosotros también tenemos que aferrarnos a nuestra espada, que es la Palabra de Dios (Efesios 6:1). Cuando aplique la Palabra de Dios a su situación verá la victoria. La Biblia es una de las mayores armas espirituales que se nos ha dado para resolver las cuestiones de la vida. Lo que podemos aprender de Eleazar es que él sabía cómo aferrarse a su espada cuando enfrentaba un ataque. La mujer con el problema del flujo de sangre se aferró a su respuesta —el manto de Jesús— hasta que su problema cesó.

Sama: Él se mantuvo firme y defendió su territorio aún después de que otros huyeron de su puesto (2 Samuel 23:11-12). Estaba dispuesto a dar batalla solo, sin ayuda. No permitió que se le impidiera seguir luchando. Podemos aprender de Sama y de la mujer que padecía hemorragia, quienes estaban solos para enfrentar sus batallas. Aunque usted deba ir solo, la victoria vendrá si nos mantenemos firmes y nos negamos a darnos por vencidos. Ambos se mantuvieron firmes durante una crisis y estuvieron resueltos a obtener victoria. Aunque se sienta solo en su puesto, si no cesa de insistirle a Dios, Él seguirá allí para ayudarlo. Aunque otros hayan huido, Dios permanece allí con usted.

Benaía: Mató a un león con su propia espada y luego robó la lanza de su enemigo y la usó para derrotarlo, todo esto durante una nevada (20-22). No esperó las condiciones ideales. Hacía frío y estaba nevando. A veces, la época de nevada en nuestra vida es cuando las cosas parecen frías, sin vida y sin esperanza. Las condiciones le son contrarias. Benaía y la mujer con hemorragia pudieron hallar la victoria en condiciones menos que perfectas. Entonces, cuando el enemigo trataba de usarlas contra ellos, lo vencían. Se apoderaron del arma del enemigo y la usaron contra él. Las condiciones pueden no parecer ideales para un milagro, pero esa victoria vendrá si nos negamos a dejar de insistirle a Dios.

Podemos aplicar los mismos principios que estos valientes y fortalecernos en el Señor para derrotar los problemas que enfrentamos en nuestras vidas. Usted puede ser como Adino y pelear aún cuando tenga todas las probabilidades en contra, o como Eleazar, y no soltar su espada y aquello que cree. También puede ser como Sama; cuando todo el mundo se da por vencido y abandona, usted se niega a hacerlo. Después aprenda a pelear sus batallas sin importar cuáles sean las condiciones que lo rodean, tal como hizo Benaía.

Alcáncelo y no lo suelte

Cuando esté persiguiendo a Dios con respecto a su problema, llegará un punto en que usted deberá extender la mano y tocarlo. Deberá conectarse con su poder. Esto significa que a menudo deberá tomar una franca decisión de apropiarse de la unción. Deberá tender la mano en busca de ayuda y quizás ya no pueda seguir ocultando su problema interior. Esta mujer estaba sangrando de adentro hacia fuera. Esto es importante si queremos que nuestros problemas —ya sean obvios u ocultos— cesen.

Las cuestiones internas de esta mujer finalmente salieron a luz y fueron visibles a todos al abrirse paso entre la multitud. Intentó tocar a Jesús suavemente, pero tender la mano hacia Él iba a ser algo manifiesto (Lucas 8:47). No podemos permanecer siempre en nuestro rincón privado en lo secreto si de veras vamos a ser tocados por el poder de Dios. Dios no desea avergonzar a nadie, pero a veces la única forma de llegar a la raíz del problema es cavar en el suelo y sacar algunas cosas a la superficie. No podemos ocultar nuestros problemas. Ellos terminarán por salir a la luz si nos negamos a enfrentarlos. Aparentemente, esta mujer trató de ser sanada sin que nadie se diera cuenta. Ya sea en una reunión privada con un pastor, otro creyente, o incluso en el contexto de un servicio de la iglesia, decida que sin prestar atención a lo que la gente pueda pensar, usted va a tomar contacto con el poder de Dios.

No sólo la gente supo de su problema cuando tocó a Jesús, sino que ella tuvo que iniciar la acción de tocar su manto. Sus problemas ya no estaban ocultos; y tampoco su vergüenza. Su decisión de ser franca con respecto a su problema frente a la multitud, ese día tuvo como resultado su sanidad. Con frecuencia, muchos esperan que sus problemas se vayan, o no quieren enfrentarse a ellos, de modo que escapan de su respuesta en lugar de correr hacia ella. No quieren que nadie piense mal de ellos, y no pasan a recibir oración o a un llamado al altar. No quieren enfrentarse con un problema porque alguien podría ver que tratan de alcanzar el poder de Dios para ese problema.

La cuestión es que ese problema terminará por convertirse en una hemorragia que pondrá en peligro su vida. A menos que haga que se detenga, lentamente drenará la vida entera de su andar con Dios. Levítico 17 dice que la vida de toda carne está en su sangre. Esta mujer estaba sangrando y perdiendo la vida. Exactamente así se sienten algunos cuando tienen problemas. La vida y el entusiasmo de su cristianismo se están consumiendo, y lo único que conocen es el dolor. Si decidimos tapar nuestro estado presente, nunca seremos capaces de enfrentar nuestro futuro. Cuando esta mujer intentó alcanzar el poder de Dios, cuando pasó cerca de ella, tocó su futuro.

Observe que cuando su problema fue visto por todos, Jesús no la avergonzó ni la rechazó. La habían considerado impura —el equivalente a un pecador hoy en día— pero el hecho de tratar de alcanzarlo la convirtió en candidata para un milagro. Recuerde la promesa de Dios en el Salmo 103:10: "No ha hecho con nosotros conforme a nuestras iniquidades, ni nos ha pagado conforme a nuestros pecados". Esta mujer sentía miedo, vergüenza de su afección. Usted no debe permitir que la vergüenza lo haga sentir desplazado por otros y poco importante para Dios. Usted es especial e importante para Él. ¿Cuán lejos está dispuesto a llegar? ¿Qué distancia está dispuesto a seguirlo para ver que se vuelve hacia usted y satisface su necesidad?

Mi esposa y yo solemos ministrar juntos en el espíritu. Uno de nosotros puede predicar mientras el otro se mueve en el poder de Dios, o viceversa. En otras ocasiones, uno de nosotros puede hablar en una lengua para alguien, o para algo, mientras el otro interpreta. En un servicio, estaba ministrando a la gente en lenguas alrededor del auditorio y mi esposa las interpretaba. En este caso, yo conocía las situaciones de algunas de las personas que había llamado, aunque trato de no llamar a la gente para esta clase de ministración basándome en lo que sé sobre ellos. Estaba esperando que el Señor hablara algo para tratar realmente algunos de sus problemas y quizás aun expresar algo de su posible desacuerdo con ciertos estilos de vida. Esperaba una interpretación más polémica de la lengua que estaba viniendo por el Espíritu Santo.

En cambio, lo que el Señor dijo y la forma en que ministró fue tan hermosa. La interpretación por medio de mi esposa fue tan específica pero siguió siendo de mucho aliento. Dios no siempre trata las cosas como nosotros esperamos. Sin duda Él estaba tratando de traer su misericordia y ayudar realmente a quienes estaban siendo ministrados ese día. El objetivo del Señor no es avergonzarlo o hacerlo sentir condenado cuando usted está allí tratando de llegar a Él. Si verdaderamente está tratando de enderezar su corazón y de buscarlo, Él le extenderá su amor.

"¿Quién me tocó?"

En la historia de la mujer con el flujo de sangre, tantas personas pasaron empujándose para tocarlo, pero sólo una fue reconocida por ello. Eso significa que es posible que algunas formas en que lo tocamos tengan mayor impacto que otras. ¿Cuáles son algunas de las cosas que podemos hacer para que se detenga y reconozca nuestro toque? Estoy seguro de que en su corazón usted desea que Dios note sus esfuerzos por tocarlo. Esta mujer lo oyó decir: "¿Quién me tocó?". Ésta es una de las cosas más grandes que podemos oírle decirnos. Él no quiere estar solo. Quiere que lo toquemos hasta que su poder se suelte sobre nuestra necesidad. Está buscando a los que, como esta mujer, se distingan del resto.

Jesús dijo: "¿Quién es el que me ha tocado?" (Lucas 8:45). ¡Qué declaración! Mientras cientos se apretujaban contra el Señor, su toque fue percibido de una manera especial. Usted es especial y sus necesidades son importantes para Dios, pero ¿cómo hacer que lo note en medio de una tierra recargada y abarrotada? Mire lo que hizo esta mujer para captar su atención.

• *Inició el contacto*: "Porque decía dentro de sí: Si tocare solamente..." (Mateo 9:21). Ella captó su atención porque no solamente estaba buscando que la tocara, sino que ella inició el contacto tratando de llegar a Él. Aquellos que realmente no dejan de insistirle a Dios iniciarán el contacto con Dios más bien que esperar cerca para recibir un toque de Él.

- *Trató de llegar a Él:* Después de doce largos años, se abrió paso a la fuerza en medio de la multitud. Este número doce representa al Reino. Significa que se abrió paso a la fuerza en el Reino. Puesto que se esforzó por entrar en él, encontró su sanidad y Jesús observó ese esfuerzo. Lucas 16:16 dice que el Reino de Dios se anuncia y que todos se esfuerzan por entrar en él. Podemos esforzarnos buscándolo o leyendo la Biblia cuando no sentimos de hacerlo. Hacemos un esfuerzo por medio de la actitud de nuestro corazón y nuestras acciones; incluso cuando nuestros problemas parecen abrumadores, seguimos avanzando hacia el Señor.

- *No tenía otra opción*: ¡Se abandonó por completo a Él porque no había otra alternativa más que Él! Ya había probado todo lo que había. Los que no dejan de insistirle a Dios harán de Él una prioridad en su vida antes que una idea de último momento. Ellos deciden que Él es la única solución.

- *Creyó sus palabras*: Observe que ella tuvo confianza en sus palabras. Dijo: "... seré salva" (Mateo 9:21). Lo creía tanto que apoyó lo que creía con acciones. La Biblia dice que ella se acercó por detrás del Señor cuando Él iba en otra dirección; desde donde estaba, no podía verla porque quedaba a sus espaldas. ¿No la vio? ¿La estaba ignorando? Nada de eso le importaba, y no hizo un drama de ello como hacen muchos cristianos con el Señor. Antes bien provocó aún más una respuesta de fe en ella, e hizo que Jesús lo notara.

Ahora bien, ¿por qué supone que estaba resuelta a tocar el borde de su manto? Quizás desde una perspectiva literal, fuera lo más fácil de agarrar. Desde un punto de vista profético, sin embargo, el borde de un manto es la parte más fuerte ya que tiene una doble capa de tela. Ella necesitaba intercambiar su fuerza por la fuerza de Él. ¿No es eso lo que enseña la Biblia, que aquellos que esperan en el Señor recibirán nuevas fuerzas? También tocó el borde de su manto porque, para tocar esta parte de abajo, uno debe estar en su punto más bajo. Esta mujer realmente se encontraba en su punto de máxima necesidad. Lucas 8:44 dice que "tocó el borde de su manto". La palabra *borde* en griego es la palabra *kraspedon*, que significa "la orla o el dobladillo del manto". En Números 15:38 se hacía referencia al mismo como las borlas o flecos que los rabinos judíos llevaban en los cuatro extremos de su manto. Estos extremos del manto o borlas también se denominaban "alas". Ésta es una referencia común en la tradición judía cuando se habla acerca del manto para la oración que vestían los sacerdotes. Le da un nuevo significado al pasaje de Malaquías 4:2, que dice que Él "en sus alas traerá salvación". Además, vemos una nueva revelación en el Salmo 91:4 cuando dice: "Debajo de sus alas estarás seguro". Esta mujer no sólo iba a encontrar sanidad en el ministerio sacerdotal de Cristo, en su momento más desesperante de necesidad, sino que también iba a hallar fuerza y refugio. Su lugar de refugio es tender la mano y tocar su presencia y manto de fortaleza.

Quiero decir algunas cosas más acerca de cómo la mujer con el flujo de sangre inició su contacto con el borde de las vestiduras de Jesús. Ella hizo el contacto, no Él, lo cual es imagen de la persona o cristiano maduro. En la mayoría de las iglesias, lo hemos dado vuelta. Esperamos un "toque" de Dios. Ahora bien, no es que Él no desee tocarnos, pero al iniciar nosotros el contacto con su poder hará que se vuelva hacia nosotros y reconozca nuestra necesidad. Cuando esta mujer tocó a Jesús, recibió una atención especial de Él. Los que no dejan de insistirle a Dios reciben atención especial. Él recompensa a quienes lo buscan con diligencia (Hebreos 11:6).

Se requiere madurez y compromiso para no dejar de insistirle a Dios y no temer iniciar su búsqueda o contacto. Ahora bien, en Lucas 8:41-42 había dos mujeres necesitadas de un toque, y en ambas, curiosamente, se menciona el número doce. Estaba la mujer con el problema del flujo de sangre durante doce años, y la pequeña de doce años que estaba muriendo. Existe otra implicancia profética en el hecho de que el número doce sea mencionado en ambas situaciones. La Biblia podría haber omitido ese detalle de sus historias, pero por una buena razón no lo hizo. El doce es el número que representa el Reino de Dios porque su reino (la iglesia) comenzó con doce ancianos, los doce apóstoles del Cordero. Entonces hay un mensaje del Reino para la iglesia en las historias acerca de estas dos mujeres. La primera fue la mujer con el problema de flujo de sangre que había padecido por doce años. Esto representa proféticamente a la iglesia y los creyentes del Señor, que se supone deben ser maduros. Llevan años siendo parte del cuerpo de Cristo, pero tienen problemas que aún entorpecen sus vidas espirituales, aunque han tenido el tiempo suficiente para hacer algo con respecto a dichas dificultades. Parece que muchos nunca logran ser libres de las mismas cosas viejas; otros no logran alcanzar un nivel más alto con Dios o están esperando que Dios los toque antes de tratar ellos de llegar a Él.

Recuerde, la señal de un creyente verdadero y maduro no es el que siempre necesite sentir, ver o experimentar algo. Ni siquiera es tener al pastor siempre a su disposición para tocarlo por cada necesidad o problema. Un creyente maduro inicia el tiempo con Dios y aprende que no tiene que esperar a ser tocado. Inicia la búsqueda del poder de Dios sin importar lo que esté enfrentando.

En segundo lugar, vemos a una pequeña que tenía doce años. El hecho de que fuera una niña habla de la iglesia y de los creyentes que nunca alcanzan una situación de madurez. Mueren antes de crecer hasta la plenitud de su destino en Dios. Viven la mayor parte de su vida cristiana dependiendo de que todos los demás satisfagan sus necesidades; por lo tanto no maduran como cristianos. Esta gente no toca a Dios ni inicia el tiempo con Él. Tempranamente en su vida espiritual, ellos "mueren" en su experiencia cristiana, y muchos ya no siguen en la iglesia.

Esta niñita aún no era madura y necesitaba recibir su sanidad a través del toque de Jesús. (Vea Lucas 8:54.) Los cristianos bebés necesitan la ayuda del ministerio para madurar o morirán. Por supuesto, todos necesitamos la ayuda de una iglesia local para mantenernos bien encaminados en el Señor, pero los bebés necesitan cuidado especial.

Así que la mujer adulta que tenía un problema fue sanada cuando inició el contacto con Dios. La pequeña fue sanada cuando recibió un toque del ministerio maduro de Jesús. Ambas cosas son necesarias en el Reino de Dios para que podamos ser liberados por su poder.

La virtud sigue estando a nuestro alcance hoy

La virtud y el poder que recibió la mujer con el flujo de sangre siguen estando a nuestro alcance hoy. Si lee Lucas 8 y 9, puede ver que la lección oculta en la historia de las dos mujeres continúa. El número doce aparece nuevamente, pero ahora lo hace en referencia a los doce discípulos, lo cual habla aún más de la iglesia. Jesús les estaba dando poder para hacer algo. Ahora el toque de Jesús queda representado en los doce (la iglesia) enviados con poder. Ya no sólo iniciaban el contacto, ni esperaban un toque, sino que estaban a punto de tomar el poder e ir a algún lugar con él.

Llega un punto en que debemos tomar el poder —la virtud que Jesús nos dio— y tocar a otro. Una iglesia madura no está muriendo o sangrando con problemas, sino que ahora tocará al mundo.

Este poder o virtud está a su alcance y en usted para tocar a otros. Éste es el objetivo principal de Dios: que maduremos y toquemos a otro. Ahora, podemos convertirnos en el "manto", el cuerpo de Cristo, para que otro lo toque. Se nos ha dado poder —al igual que a Jesús— para que cuando la gente venga a nosotros con un problema, sea cual fuere, el poder de Dios dentro de nosotros haga que el problema cese. Entonces, también a través del poder de Dios, podemos pasarles a ellos el mismo poder y virtud para que puedan hacer lo mismo por otros.

Me encanta observar a los creyentes imponer manos sobre los enfermos y ver a la gente recuperarse. Me entusiasma que profeticen, operen en los dones del Espíritu, echen fuera demonios, ministren la Palabra de Dios, y hagan las obras del ministerio. Para esto fuimos creados, para mostrar su poder a esta generación. Nacimos para ser señales y prodigios. (Vea Isaías 8:18.) La gente que desea el poder de Dios tiene hambre. Se da cuenta de que la religión impotente no la puede ayudar. Nos están buscando a usted y a mí para que les mostremos el poder de Dios.

De veras, he visto tantas veces en reuniones cómo la gente busca desesperadamente el poder de Dios. Muchas veces, he ministrado y visto ocurrir maravillosas sanidades y milagros en los servicios. Incluso después de la reunión, la gente sigue tratando de tender la mano y tocar el poder de Dios que está sobre usted. Esto es lo que Dios quiere que seamos, una fuente de virtud para su sanidad. Debemos progresar de Lucas 8, como las dos mujeres, a Lucas 9:1. Hay un mundo que espera con desesperación que nuestra virtud lo toque.

Dése cuenta de que Dios quiere que sus problemas se detengan hoy. Y si ha estado luchando con las mismas cosas durante muchos años, hay esperanza para usted. Usted es especial para Él, y sus problemas se pueden detener. Entonces, podrá llevar la virtud para ayudar a otros con *sus* problemas. Inicie hoy el contacto con el poder de Dios. Dígase a sí mismo en su interior que sin importar cómo se sienta o a lo que se enfrente, no cesará de insistirle a Dios hasta que los problemas que asolan su vida ya no estén más. Diga: "Seré sano, y mi futuro será transformado para siempre. Soy importante para Dios, y Él está a punto de prestarme atención". Después, espere que su vida cambie a imagen de él. ¡No tenga miedo de tocar las vidas de otros y enseñarles cómo no dejar de insistirle a Dios hasta que sus problemas se detengan!

11

Cómo no dejar solo a Dios

> Y creó Dios al hombre a su imagen, a imagen de Dios
> lo creó; varón y hembra los creó... Y dijo Jehová Dios:
> No es bueno que el hombre esté solo; le haré ayuda
> idónea para él.
>
> —Génesis 1:27; 2:18

L A Biblia dice que, en el mismísimo principio del tiempo, Dios creó todos los cielos y la tierra en unos pocos y breves días. Su creación más íntima, sin embargo, sería la más especial y se parecería a Él. Génesis 1:27 dice que formó algo que realmente iba a pensar, caminar y hablar como Él. Esta obra maestra sería conocida como humanidad. Esta creación especial recibió todo lo que el Señor había hecho para su propio disfrute. Pero sin embargo todavía faltaba una cosa. No había nadie más con forma humana creado a imagen de Adán.

No era bueno que el hombre estuviera solo sin nadie más sobre la tierra que pudiera relacionarse con él a su nivel. Dios sabía que el hombre tenía esa necesidad en su interior porque era una réplica exacta de su propia imagen. Hubo un día en que Dios estuvo solo, sin otro como Él con quien tener comunión. Dios no quería estar solo, entonces hizo al hombre. Sabía que él tendría estos mismos sentimientos, entonces el Señor creó a Eva, la ayuda de Adán, la que lo ayudaría a satisfacer su anhelo de compañía: "Y dijo Jehová Dios: No es bueno que el hombre esté solo; le haré ayuda idónea para él" (Génesis 2:18).

Dios sabía que Adán no quería estar solo porque sabía por Sí mismo lo que era estar solo. Así como hizo a Eva para compañía de

Adán, hizo personas para que lo acompañaran a Él. Creo que antes de que Dios dijera: "No es bueno que el hombre esté solo", dijo en su interior: "No quiero estar sin compañía. No es bueno que yo esté solo". Dios quería un amigo como Él —para Él— para satisfacer el anhelo de su corazón.

Ese anhelo creó a la humanidad. Fuimos hechos para la comunión con Él. Ahora nunca más tendría que estar solo. De la misma forma en que sacó a Adán de un lugar del interior de sí mismo, Dios también sacó a Eva del interior de Adán. Ahora Adán no estaría solo.

¿Se da cuenta de que fuimos creados para el expreso propósito de tener comunión con Dios? Él nos ama y quiere estar con nosotros. Así que ahora queda esta pregunta: ¿cómo hacemos para no dejar solo a Dios?

Enséñanos a no dejarte solo

Por supuesto, con una pequeña vuelta, esta misma pregunta se la formularon a Jesús en Lucas 11:1, cuando uno de sus discípulos le pidió acerca de la oración, diciendo: "Señor, enséñanos a orar". El discípulo reconoció que saber cómo orar era el secreto para tener poder. Quería conocer los secretos de conectarse con Dios, de no dejarlo solo. La oración, después de todo, no es hablar palabras hacia un espacio vacío. Es conectarse con un Dios muy real y poderoso que está esperando que nosotros respondamos a su amor. Éste es el quid de la oración. Es querer estar con Dios.

Este discípulo ciertamente vio esto en la vida de Jesús. Vio las muchas horas que Jesús hablaba con su Padre. No era solamente oración; era una relación con Dios tan comprometida que Dios nunca se quedó sólo.

Cuando Adán y Eva pecaron en el huerto, lo dejaron solo al esconderse de Él. Por supuesto, Dios sabía dónde encontrarlos y, aunque separados por el pecado, ya estaba planeando la forma de llamarlos para que volvieran a Él. Diseñó un plan para no volver a estar solo. Envió a Jesús para hacernos saber que podíamos reconectarnos con Él. Jesús es la respuesta para nuestra relación con el Dios Todopoderoso. Jesús sabe cómo conectarnos con Él. Por eso, enseñó acerca de la oración: nos enseñó las claves para conectarnos con Dios, para que el Señor nunca esté solo. Nos enseñó las cuatro categorías principales —las claves— para estar seguro de que Dios nunca se quede solo.

Categoría 1: Su relación personal con el Padre

Lucas 11:2 dice: "Cuando oréis, decid: Padre nuestro..." ¡Su aptitud para no dejar solo a Dios comienza con su Padre! Él no es solamente el padre de otro, sino *su* Padre. Eso significa que usted habla con Él, pasa tiempo con Él, y se encuentra con Él. Debe planearlo y hacer un lugar para ello. Es difícil que conozca realmente a su Padre si nunca establece un tiempo y determina un lugar para encontrarse. Segundo Crónicas 7:14 nos dice que busquemos su rostro. Buscar su rostro significa que estudiamos sus rasgos y su carácter, y conocemos cómo es. Aprendemos sus expresiones y entendemos cómo obrará su poder para ayudarnos. Jesús puso este ejemplo en su propia vida en la Tierra. Buscó tanto el rostro de Dios que pudo ser una imagen de Dios para nosotros. Jesús dijo: "El que me ha visto a mí, ha visto al Padre" (Juan 14:9). Jesús sabía cómo era el Padre porque pasaba tiempo con Él.

Categoría 2: Orar por otros

Lucas 11:5-6 dice: "Les dijo también: ¿Quién de vosotros que tenga un amigo, va a él a medianoche y le dice: Amigo, préstame tres panes, porque un amigo mío ha venido a mí de viaje, y no tengo qué ponerle delante...?". Jesús enseña otro principio acerca de no dejar solo a Dios, que consiste en orar por otros. Ilustra eso compartiendo la historia de un amigo que iba a asegurarse de que su invitado fuera atendido. Su perseverancia incluso en medio de la noche trajo bendición tanto para él como para otro.

Categoría 3: Perseveraren la oración

En Lucas 11, Jesús muestra una tercera categoría llamada importunidad o persistencia: "Por su importunidad..." (v. 8). "Pedid... buscad... llamad..." (v. 9). Se encuentra en la petición continua que no cesa hasta que recibe algo. Busque y siga buscando, aunque parezca que no recibe respuesta. Llame y siga llamando, aunque parezca que las puertas del cielo no se abren. Es su importunidad —su disposición a no darse por vencido y de no dejar solo a Dios— lo que hace que la bendición se suelte.

Categoría 4: Vencer al enemigo

En Lucas 11:20-28, todo el pasaje trata sobre atar al hombre fuerte o enemigo. Dios no se quedará solo cuando usted ate las fuerzas de oscuridad que tratan de separarlo de Él. Esto se encuentra en su disposición a resistir al enemigo y luchar por su tiempo con Dios. Cuando usted tome autoridad sobre el enemigo y no ceda a sus tentaciones, permanecerá cerca de Dios y conectado con Él.

No me molestes

Después de dividir el objetivo de nuestra oración en cuatro categorías, Jesús enseñó otro principio practicó acerca de no dejar solo a Dios:

> Les dijo también: ¿Quién de vosotros que tenga un amigo, va a él a medianoche y le dice: Amigo, préstame tres panes, porque un amigo mío ha venido a mí de viaje, y no tengo qué ponerle delante; y aquél, respondiendo desde adentro, le dice: No me molestes; la puerta ya está cerrada, y mis niños están conmigo en cama; no puedo levantarme, y dártelos? Os digo, que aunque no se levante a dárselos por ser su amigo, sin embargo por su importunidad se levantará y le dará todo lo que necesite.
>
> —Lucas 11:5-8

El amigo de esta historia es Dios. Jesús cuenta esta historia acerca de un hombre que tiene un amigo que llega de visita a la medianoche, y a quien no tiene nada que darle de comer. Este hombre, que no tiene nada que darle de comer a su huésped, va a la medianoche a golpear la puerta de un amigo vecino y le pide que le dé algo de comida para su visitante. Pide tres piezas de pan. Esto proféticamente representa al Padre, al Hijo y al Espíritu Santo. Ellos son la fuente que necesitamos para proveer a otros para que se alimenten. Este pan de Dios se da a todo hombre que tiene hambre de él. Está disponible veinticuatro horas al día, los siete días de la semana, tantas veces como lo necesitemos. Y pedir pan a la medianoche nos dice que Dios está allí disponible para nosotros siempre, sea la hora que fuere.

El problema con el amigo de esta historia es que le gritó desde el otro lado de la puerta: "No me molestes ni me fastidies. La puerta está cerrada, mis niños están dormidos, y es tarde; no quiero despertarlos". Parece que a este vecino no le gusta que lo molesten. Estoy seguro de que el hombre que estaba a la puerta podría haberse sentido molesto de que lo ignorara o lo echara. ¿Realmente puede esta imagen representar a Dios? ¿Cómo puede Dios ignorar mi petición? ¿Qué clase de amigo es, después de todo? ¿No puede ver que tengo una necesidad inmediata y mi invitado también? Si, a veces puede parecer que Dios ignora sus golpes a la puerta.

Como hemos visto en otros ejemplos en este libro, Dios a veces actúa como este amigo a propósito. Puede parecer que está demasiado lejos como para alcanzarlo, o que no quiere que lo molesten. ¡No, Él quiere provocar una reacción persistente! Permítame refrescarle la memoria acerca de algunos de los otros ejemplos que hemos tratado hasta ahora. ¿Recuerda cuando Dios luchó con Jacob, y hasta trató de hacer que lo soltara? También estaba Moisés, a quien Dios le dijo que lo dejara en paz. ¿Qué decir del clamor de cuatrocientos años de los hijos de Israel ante un Dios que parecía tardar una eternidad en satisfacer su necesidad de un libertador? Oh, después tenemos a Lázaro, a quien Jesús amaba como amigo, pero no se apresuró a ir en el momento de su muerte.

¿Qué decir del ciego Bartimeo, que quería cambiar de una vida de tinieblas a la luz? Parecía que Jesús no oía su clamor cuando se iba y se alejaba de su necesidad. No podemos olvidar a la mujer con el flujo de sangre que quería que sus problemas cesaran. Jesús ni siquiera se detuvo a tocarla; se fue en otra dirección. Esta mujer tuvo que iniciar el contacto para hacer que Él por lo menos se diera cuenta. Creo que estos ejemplos suenan como el amigo que no quería levantarse a la medianoche a darle pan a su amigo que golpeaba su puerta. Y en todos estos parece que el Señor no se desvió de su camino o incluso que no quería ser molestado.

¿Es esto lo que Él realmente quiere? ¿Quiere Dios que lo dejemos solo? ¡Por supuesto que no! Él está esperando nuestra respuesta a la provocación a que lo persigamos por nuestra propia voluntad y elección.

¿Respondería este amigo a medianoche a la voz que venía de afuera y satisfaría su necesidad? El que golpeaba ¿no podía entender que su amigo no quería que lo molestaran? Él dijo: "No me molestes". Este amigo —Dios— está tratando de hacer que su amigo que golpea a la puerta aprenda algo de lo que significa no abandonar, no dejar de insistir ni renunciar a su esfuerzo. Bueno, en esta historia él aprendió la lección. Perseveró hasta conseguir el resultado deseado.

Esto es exactamente lo que Dios quiere que hagamos. Jesús continúa enseñando en Lucas 11:9 cómo no dejar de insistirle a Dios y recibir las respuestas que necesitamos. Primero, nos dice que pidamos y vayamos a Él. Segundo, nos dice que lo busquemos diariamente y construyamos una amistad para que podamos ir a Él con confianza en todo momento y para lo que necesitemos en cualquier situación, como vimos en la historia del vecino necesitado de pan que golpeó la puerta. Por último, nos enseña a ir y golpear porque la respuesta es nuestra y está precisamente detrás de la puerta. Dios no quiere que dejemos de insistirle, y busca a los perseverantes que golpean a la puerta y se esfuerzan por entrar en su Reino.

Jesús usó este ejemplo en Lucas 11:2-4 para enseñar a sus discípulos, y a nosotros, cómo presionar cuando oramos. Y nos dio las palabras para hablar, enseñándonos los principios de la relación con Dios y de la oración respondida.

- Padre nuestro (v. 2). La primera cosa que enseñó fue a orar y llegar a conocer a Dios llamándolo "Padre nuestro: Padre *de usted*". Esto personaliza su relación.

- Santificado sea tu nombre (v. 2). A través de la adoración, incrementamos la intimidad de la relación. Es así como expresamos nuestro amor cuando nos acercamos a Él.

- Venga tu reino. Hágase tu voluntad, como en el cielo, así también en la tierra (v. 2). Quienes no dejan de insistirle a Dios, hacen de sus propósitos una prioridad. Se preocupan porque su voluntad se establezca en sus vidas sobre sus propios planes y deseos en la vida.

- Nuestro pan de cada día, dánoslo hoy (v. 3). Esta es una expresión de dependencia total de Él para todas sus necesidades. Significa que nos "alimentamos" de Él primero para abastecernos. Nuestra hambre se satisface en el Señor. El pan de los hijos es sanidad, bendición y liberación.

- Perdónanos nuestros pecados, porque también nosotros perdonamos a todos los que nos deben (v. 4). No podemos permitir que el pecado nos mantenga separados de Él. Incluso cuando fallamos, necesitamos correr a Él. Adán y Eva se escondieron de Dios cuando pecaron. No se avergüence; puede pedir al Señor que lo perdone y tener confianza al respecto porque usted ya cultiva el perdón para con otras personas en su corazón. El espíritu de perdón también nos ayudará a escapar de la tentación y a declarar confiadamente "líbranos del mal".

No aceptaré un no por respuesta

Cuando Jesús enseñó acerca de la importunidad en Lucas 11, nos estaba impartiendo la actitud de no aceptar un no por respuesta. La palabra *importunidad* de hecho significa: "no tener vergüenza, ser audaz, decidido, insistente, suplicar y ser perseverante en requerir". Jesús enseñó mucho acerca de la persistencia o "importunidad". Por eso nos dijo que oremos y no desmayemos en Lucas 18:1. Quería que nos convirtiéramos en personas que nunca se dan por vencidas.

Debemos continuar perseverando, insistiendo en oración, y tener confianza en que recibiremos una respuesta si decidimos no desmayar. Por esta razón, usó la historia acerca del amigo que parecía no querer ser molestado. El Señor quiere ver si usted aceptará o no un no por respuesta. Quiere ver cuánto persevera para recibir su esperada bendición.

El amigo que golpeó a la medianoche revela el corazón de aquellos que se niegan a dejar de insistirle a Dios y que seguirán buscándolo hasta que responda. El amigo no estaba dispuesto a aceptar un no como respuesta y siguió golpeando y persistiendo hasta que su vecino vino, abrió la puerta, y le dio lo que necesitaba. Estuvo dispuesto a arriesgarlo todo al lanzarse a la calle a horas avanzadas de la noche y esperando que su necesidad fuera satisfecha.

Aprendí un ejemplo muy gracioso sobre ser perseverante y no aceptar un no como respuesta. Fue una lección natural en mi vida, que me enseñó la importancia de la perseverancia espiritual. Cierta vez estaba planeando un viaje para ver un partido de fútbol en un estadio para el cual era casi imposible conseguir boletos. Sin haber podido conseguir un boleto de antemano, yo no iba a darme por vencido y no ver el partido. Un amigo dispuesto y yo nos fuimos en avión, sin boletos y sin habitación de hotel, a ver un partido de fútbol para el cual las entradas estaban agotadas. ¿Cuáles son las posibilidades de entrar a ver un juego como ése, o incluso de tener un lugar para dormir esa noche? Deseábamos tanto ir que decidimos correr el riesgo. Creo que entendí que era mejor que orara al respecto, pero había confiado en que el Señor nos iba a bendecir cuando llegáramos allí.

Tengo el hábito de creer en su bendición y su favor, por lo que naturalmente me sentí confiado en que Dios iba a hacer un milagro.

Cuando llegamos, paramos un taxi. Nunca olvidaré a ese conductor loco. Nos preguntó dónde queríamos ir. Le dije que no sabíamos; que veníamos a ver el juego, con la esperanza de conseguir boletos, y le pedimos que nos llevara al hotel más cercano al estadio.

"¿Qué? Mi sentido común me dice que han cometido un gran error", dijo en inglés chapuceado. Nos dijo que todos los hoteles estaban llenos y que no encontraríamos un lugar donde quedarnos, y que tampoco íbamos a conseguir los boletos para el juego porque ya estaban agotados en toda la ciudad.

Esta conversación unilateral siguió por un largo rato hasta que finalmente dije: "Mire, señor, llévenos al hotel más cercano al estadio. Conseguiremos una habitación, y además vamos a conseguir boletos en la línea de la yarda cincuenta".

Se rió y dijo: "¡Loco! Usted está loco, mi sentido común me dice...".

Lo interrumpí y le dije: "Mi corazón dijo que conseguiremos una habitación y boletos en la línea de la yarda cincuenta. Hablé con Jesús al respecto, y creo que me espera su bendición. Ahora, por favor, haga lo que le pido".

"¡Está bien! ¡Está bien!" dijo. "Pero mi sentido común me dice..."

Finalmente, llegamos al lobby del hotel y fuimos al mostrador de recepción, sólo para que nos informaran que no había habitaciones y que todos los hoteles de la ciudad estaban llenos. Entonces oí al conductor loco decir otra vez: "Ve le dije mi sentido común dice...".

Comencé a volverme para irme cuando un hombre salió de atrás del mostrador y dijo: "¡Señor, señor!". Mientras trataba de detenerme, dijo: "Usted no va a creer esto, pero acabo de recibir un llamado de alguien que se estaba hospedando aquí y tienen que irse. Pueden ocupar su habitación y, a propósito, ¡ellos tienen dos boletos en la línea de la yarda cincuenta a la venta a valor nominal!".

Mi amigo y yo comenzamos a alabar al Señor. Toda esa perseverancia y confianza en Dios valieron la pena. El Señor respondió nuestras oraciones. ¿Sabe usted qué hice? Correcto. Respetuosamente, fui adonde estaba mi sensato conductor de taxi, que sacudía la cabeza, diciendo: "No lo puedo creer". Le hablé de Jesús y lo animé a entregar su vida al Señor. Resolver aferrarse a la promesa de Dios a menudo no tiene sentido alguno para los demás, y quizás no tenga nada de sentido común. En la perseverancia encontramos nuestras bendiciones.

Al recordar esa divertida aventura, aprendí una verdad poderosa. Soportamos algunos grandes desafíos en nuestra confianza de que el Señor respondería nuestras oraciones. Debíamos seguir perseverando, sin aceptar un no como respuesta. Esto me hace considerar lo que sucedería si nos acercáramos habitualmente a Dios de esa forma.

Dos preguntas que es necesario hacer: ¿Cuán perseverante es usted? ¿Será como el hombre que golpeó a la medianoche? ¿Dejará de insistirle a Dios e incluso se irá si parece que sus oraciones no son respondidas o siente que el Santo lo está ignorando? Debe acercarse confiadamente al trono de la gracia, y creer cuando viene a Él, que satisfará sus necesidades y contestará sus oraciones. Todo está disponible; solo no acepte un no como respuesta.

Dios no quiere que aceptemos un no como respuesta sólo para nosotros mismos. También debe ser así para poder ayudar a otros y serles de bendición. Como la mujer con el flujo de sangre, nosotros como cuerpo de Cristo podemos tener poder que salga de nosotros para tocar las vidas de otros. El Señor quiere que tengamos una vida tan poderosa con Él, que todo el que tenga contacto con nosotros sea transformado para siempre por su poder. Es especialmente importante no dejar solo a Dios para poder ser un punto de contacto a fin de que otra persona pueda ser bendecida por Él. Permítame darle un par de ejemplos: uno de las Escrituras, y el otro de mi vida.

La mujer cananea

En Mateo 15:22-28, esta mujer vino a Jesús en nombre de otra persona: su hija que necesitaba ser liberada. ¿Alguna vez fue a Dios en nombre de alguien que usted conocía? Ella se acercó a Jesús para que la ayudara, y Él le respondió con un ejemplo que sonaba insultante. Usó la ilustración de un perro. En el versículo 26, Jesús dijo: "No está bien tomar el pan de los hijos, y echarlo a los perrillos". ¿No suena eso como un insulto?

Al ser cananea, no era considerada una hija del Reino, y el "pan" que pedía les pertenecía a ellos. Daba la impresión de que Jesús le estaba diciendo que era una perra que no era digna de la respuesta que deseaba. La mujer, sin embargo, no permitió que eso la detuviera. Continuó presionando y persistiendo en el nombre de otra persona, aunque parecía que no recibiría respuesta. Nuevamente parecía que Jesús no quería que lo molestaran, y le dijo que había sido enviado a las ovejas perdidas de la casa de Israel, ¡y eso no la incluía a ella! Esta mujer estaba desesperada y resuelta a no irse sin conseguir lo que había venido a buscar. En su corazón, era obstinada a toda costa. Puede parecer que un Dios poderoso la está ignorando, pero su determinación es no cambiar.

Cuando Jesús vio esta actitud en ella, tomó nota. Le respondió diciendo: "Oh mujer, grande es tu fe; hágase contigo como quieres" (v. 28). Si alguna vez usted se preocupa por si tiene suficiente fe en su vida, puede confiar en que, si no acepta un no como respuesta, usted será como esta mujer. ¡Grande es su fe!

El vecino que cayó de un puente

Otro ejemplo de perseverar a favor de otra persona ocurrió en cierto momento en mi propia vida. Años atrás tuve un vecino que aún vivía en la era hippie. Se vestía, hablaba, y actuaba como si aún viviera en los años sesenta. En lo natural, él y yo no teníamos mucho en común. En muchas ocasiones, había tratado de relacionarme con él, pero parecía no llegar a ninguna parte.

Entonces, pocas semanas antes de un suceso trágico en su vida, el Señor habló a mi corazón para que orara por él más de lo que lo había hecho antes. Hice como Dios me dijo y oré por él con persistencia. Creo que el suceso que vendría ocurrió como ocurrió como resultado directo de mis oraciones. Creo que esto salvó su vida. Aún puedo ver en mi mente el día en que su esposa estacionó en la entrada y comenzó a ayudarlo a salir del automóvil. Parecía una momia, y hasta tenía la cabeza vendada. Prácticamente lo único que se le veía eran la boca y los ojos.

Un tiempo después, finalmente supe lo que le había sucedido. Era un obrero de la construcción y había estado trabajando en un puente sobre una autopista. Dijo que estaba mirando hacia atrás sobre una tabla, perdió el equilibrio, y comenzó a caer. Mi vecino hippie dijo que todo lo que pudo recordar cuando comenzó a caer del puente fue que miró fugazmente a su compañero, que también estaba sobre el puente, y dijo: "¡Más tarde!". Después, cayó en picada. Me dijo que cayó en el lodo, con su trasero al aire, pero incapaz de moverse. Fue un milagro que aún estuviera vivo. Dijo que los médicos sólo estaban preocupados por el daño cerebral, pero decían que tenía suerte de estar vivo.

Sé que no fue suerte sino el resultado de las persistentes oraciones de importunidad que clamaban por el alma de este hombre. Yo había resuelto tener una oportunidad de compartir el evangelio con él, y este suceso me lo dio. Compartí el evangelio y varios miembros de su familia fueron salvos, y él comenzó a hacerme preguntas acerca del Señor. Fueron esas oraciones que hice por otro las que mantuvieron con vida a este hombre y que me dieron una oportunidad de testificar de Jesús a su familia. Usted puede tener la misma oportunidad. Alguien necesita que usted sea perseverante y esté resuelto a no dejar de insistirle a Dios a su favor.

Orar y no desmayar

Jesús nos enseñó en Lucas 18:1 que debíamos orar sin desmayar. En otras palabras, si estamos orando, no nos veremos tentados a desmayar. Nos dice que si dejamos solo a Dios nos tornaremos débiles en nuestro andar espiritual. ¿Cómo saber si nos estamos debilitando en la oración y si nuestra vida está en peligro de dejar solo a Dios?

1. ¿Está dejando solo a Dios? ¿Su tiempo de oración es inconstante o inexistente? ¿Depende solamente de que algo no esté yendo bien? La clave para vencer una vida de oración inconstante es estar resuelto a cambiar. Resulta útil establecer un tiempo para encontrarse con Él. Trate su tiempo con Dios como si se fuera a reunirse con alguien · importante. Después de todo, Él es importante, ¿no? Jamás pensaríamos en faltar a nuestro compromiso con alguien que estimamos como famoso. También es importante elegir un lugar para encontrarse con Él. La clave es ser perseverante y constante en hacerlo.

2. ¿Se distrae cuando ora? Es tan fácil distraerse y desanimarse cuando realmente se decide a no dejar solo a Dios. Se encuentra mirando el reloj y su mente divaga apartándose del foco de su oración. ¡Todos hemos vivido eso! Jesús nos dio algo muy útil en Mateo 6:6. Nos dijo que entremos en nuestra habitación, cerremos la puerta, y oremos en secreto. Nos estaba alentando a encontrar un lugar donde no nos distraigamos con facilidad. Antes de tener su tiempo con Dios, puede ser útil hacer una lista de las cosas por las que quiere orar, y también una lista de las cosas que debe hacer o que tiene en su mente. Esto lo ayudará a despejar la cabeza y permanecer centrado en aquello de lo cual quiere hablarle a Él. También podría considerar orar más en el espíritu. Esto fortalecerá su hombre interior de modo que no se distraiga tanto en lo natural. Si desmaya en su búsqueda de Dios, habrá ciertas señales.

3. ¿Se duerme mientras ora? Esto generalmente es un signo de que se está debilitando en la oración. A veces, la verdadera búsqueda de Dios puede venir a cualquier hora o cuando

está exhausto después de un duro día de trabajo, cuando está cansado lo último que quiere hacer es orar. A veces, requiere que se obligue a sí mismo a levantarse y "se fuerce" a orar. Para ayudarse a mantenerse despierto mientras ora, podría considerar dar vueltas, arrodillarse, caminar o sentarse. Oblíguese a mantenerse concentrado y despierto. Podría resultarle útil encontrar a alguien que acceda a orar con usted para fortalecer un hábito y una responsabilidad espirituales. Asimismo, pruebe cosas nuevas, y haga entretenida la oración.

4. ¿Sólo intenta orar cuando las cosas salen mal? Esto se suele llamar oración de crisis. Es orar solamente cuando las cosas no van bien. Recuerde, cuanto más se niegue a dejar solo a Dios, incluso en los momentos buenos, tanto mejor llegará a ser su vida. El mejor tiempo para aprender a fortalecerse en la fe o aprender a orar no es en medio de la tormenta. Es mucho más sabio edificar su cimiento cristiano sobre su Palabra, orando y adorando cuando las cosas van bien, para estar preparado para cualquier cosa que pueda venir en el futuro.

5. ¿Siente que la oración es aburrida? Toda persona hambrienta decidida a no dejar perseguir a Dios ha sentido en algún momento que no hacía más que cumplir una formalidad. No puede basar su vida de oración en cómo se siente. Para evitar que su vida de oración se estanque, trate de poner música de adoración que lo guíe a entrar en el espíritu. Mantenga su vida de oración creativa y divertida, y haga a Dios real para usted. Haga una lista de peticiones para registrar las oraciones contestadas y darse ánimo a sí mismo.

6. ¿Su tiempo de oración sólo tiene lugar en la iglesia o antes de comer? Un signo de una vida de oración débil es cuando la mayor parte de su oración se da en la iglesia o antes de las comidas. Evite la tentación probando algunas cosas nuevas en su vida de oración. Quizás desee cantar en voz

alta, danzar, levantar los brazos u orar en voz alta. Cosas tan simples como ésas pueden hacer que desee orar más a menudo.

7. ¿Lucha para orar durante cierta cantidad de tiempo? La verdadera característica de quienes no dejan solo a Dios es que el tiempo con Él nunca les resulta suficiente. Desarrollar una vida de oración sólida necesita comenzar desde abajo e ir en aumento. Usted no puede intentar orar durante horas mañana cuando hoy sólo oró durante minutos. Fortalézcase cada semana para el crecimiento de su vida de oración. Jesús se esforzó y creció en la oración. Cuando parecía haber terminado de orar, siguió un poco más. Marcos 14:35 dice: "Yéndose un poco adelante, se postró en tierra, y oró...". Aparte un tiempo e increméntelo a partir de allí. Quizás desee hacer lo que yo hice la vez que el Señor me dijo: "No te vayas", y no limitarse a una cierta cantidad de tiempo. Esto nos ayudará a hacer lo que Jesús quería que hicieran sus discípulos. Jesús dijo: "¿No has podido velar una hora?" (Marcos 14:37). A la larga, llegará al punto en que una hora no le parecerá mucho.

Jesús está esperando su respuesta hoy. ¿Qué le va a decir? Dios no quiere ser dejado solo. No es bueno para usted que lo deje solo. Está esperando que se abra paso hacia Él. Así como llamó a Adán en el huerto diciendo: "¿Dónde estás?". Él no quiere estar solo y está buscando que usted vaya a su encuentro. Quiere caminar y hablar con usted. Su éxito en la vida proviene de incluir a Dios y de que Él participe en todo lo que usted haga y en cada parte de su vida.

¡Usted hallará su libertad y bendición cuando *no deje solo a Dios*!

Quizás después de leer este libro usted se dé cuenta de que nunca conoció a Jesucristo de un modo personal, y desee establecer una relación íntima con Él. Permítame animarlo a que comience ahora mismo una nueva vida, conociéndolo a Él y no dejándolo solo nunca.

Oro que usted pueda pasar tiempo de calidad con Él cada día. Siga adelante y pídale que llene su corazón con su presencia y que lo dirija hacia las profundidades de una relación verdaderamente significativa con Él. ¡Su nueva vida en la que no dejará solo a Dios comienza ya mismo!

¡Quiero invitarlo personalmente a que haga esta oración y reciba la promesa de vivir eternamente con Él!

> *Querido Padre celestial, te dedico mi vida y desde este momento en adelante no voy a dejarte solo. Te voy a perseguir como aquellos acerca de los cuales he leído, y te pido que nos bendigas a mí y a mi vida como los bendijiste a ellos. Verdaderamente, creo en mi corazón que tu Hijo, Jesucristo, murió en la cruz por mí y se levantó de la muerte para que yo pudiera vivir para siempre contigo en el cielo. Tú has dicho que todo el que invoque el nombre de Jesús será salvo de sus pecados. Te pido, Jesús, que entres a mi corazón y a mi vida. Te pido que perdones todos mis pecados; yo me arrepiento de haber obrado mal y me consagro a vivir una vida que te agrade a ti. ¡Lléname con tu Espíritu Santo y llévame bien cerca de ti! Desde ahora en adelante, me digo y soy un cristiano, un verdadero enamorado y seguidor de Jesucristo. ¡Deseo conocerte como nunca antes, y hoy decido que no voy a dejarte hasta que tú me bendigas!*

Recuerde, amigo: ¡NDDIAD! ¡No deje de insistirle a Dios! Él está esperándolo.

Otros Libros de Hank Kunneman

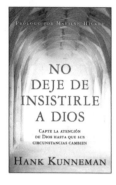

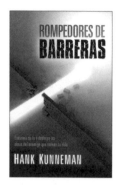

No deje de insistirle a Dios
El revelador de secretos
Rompedores de barreras

Otros Libros de Brenda Kunneman

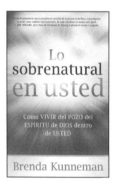

Cuando su vida está hecha pedazos
Lo sobrenatural en usted
Decifre la propaganda infernal

9827 B

LIBROS QUE
INSPIRAN, APASIONAN
Y TRANSFORMAN VIDAS

978-1-61638-107-3

978-1-61638-080-9

978-1-61638-089-2

978-1-61638-120-2

978-1-61638-083-0

978-1-61638-108-0